教育部福建师范大学基础教育课程研究中心 2023 年度开放课题《基于"读思达"理念构建高中数学文化项目式学习的实践研究》（立项编号：KCA2023046）的阶段性成果

基于核心素养的数学高效课堂的建构及教学方法研究

陈 雄 著

辽宁大学出版社 沈阳
Liaoning University Press

图书在版编目（CIP）数据

基于核心素养的数学高效课堂的建构及教学方法研究/陈雄著. --沈阳：辽宁大学出版社，2025.3. --ISBN 978-7-5698-1638-9

Ⅰ.G633.602

中国国家版本馆 CIP 数据核字第 2024VU8612 号

基于核心素养的数学高效课堂的建构及教学方法研究
JIYU HEXIN SUYANG DE SHUXUE GAOXIAO KETANG DE JIANGOU JI JIAOXUE FANGFA YANJIU

出 版 者：	辽宁大学出版社有限责任公司
	（地址：沈阳市皇姑区崇山中路66号　邮政编码：110036）
印 刷 者：	定州启航印刷有限公司
发 行 者：	辽宁大学出版社有限责任公司
幅面尺寸：	170mm×240mm
印　　张：	14
字　　数：	230 千字
出版时间：	2025 年 3 月第 1 版
印刷时间：	2025 年 3 月第 1 次印刷
责任编辑：	金　华
封面设计：	高梦琦
责任校对：	张　茜

书　　号： ISBN 978-7-5698-1638-9

定　　价： 88.00 元

联系电话：024-86864613
邮购热线：024-86830665
网　　址：http://press.lnu.edu.cn

前　言

在这个快速发展的时代，教育的目标已经从简单的知识传授转变为培养学生的综合素质与核心素养。《基于核心素养的数学高效课堂的建构及教学方法研究》不仅是一本关于高中数学教学的书籍，更是一本探索如何在数学教学中实现学生全面发展的指南。本书的写作目的是为教育工作者提供一个全面的视角，来理解和实施基于核心素养的教学策略，并且探讨如何构建高效的数学课堂。

第一章"高中数学核心素养概述"详细介绍了核心素养的内涵、高中数学核心素养的概念与理解、特征以及六大核心素养。这一部分为读者提供了核心素养教育的基础理念和框架，帮助教师明确在数学教学中应追求的终极目标。本章强调，高中数学核心素养不仅包括数学知识的掌握，更重要的是培养学生的批判性思维、创新能力和问题解决能力等。在今天这个知识更新速度极快的时代，这些能力对学生的终身发展有着至关重要的作用。

第二章"基于核心素养的高中数学高效课堂建构的理论基础"深入探讨了高效课堂的相关定义、原则、历史发展及与传统课堂的区别。这一章提出了高效课堂的几个关键要素，包括教学内容的适宜性、教学方法的多样性和教学环境的支持性。笔者认为，一个高效的课堂不仅能够传授知识，更能激发学生的学习兴趣，培养他们的自主学习能力。

第三章"核心素养视角下的高中数学高效课堂建构实践"展示了如何将理论应用到实际教学中。通过具体的案例和实践策略，本章探讨了如何建构数学高效课堂。这一章旨在为教师提供具体可行的教学方法和策略，帮助他们在日常教学中更有效地实施核心素养教育。

第四章"核心素养视角下高中数学教学方法的重点"和第五章"不同教学方法培养高中数学核心素养的应用实践"则分别探讨了在核心素养视角下，教师应如何选择和运用不同的教学方法。这两章强调了教学方法的选择不应仅基于教师的偏好，更应基于学生的学习需求和课堂目标。内容中介绍了翻转课堂、微课教学法、逆向教学法、合作学习法等多种教学方法，并提供了具体的应用策略。

第六章"不同课型培养高中数学核心素养的应用实践"进一步展示了如何在不同的课堂类型中实施核心素养教育。无论是新授课、复习课、讲评课还是习题课与实验课，每种课型都有其独特的功能和适用的教学策略。这一章详细讨论了如何在各种课型中有效地培养学生的核心素养，如何将理论知识与实践技能相结合，以及如何通过不同的教学活动激发学生的学习兴趣和提高学生的参与度。

第七章"高中数学六大核心素养的培养策略"专注于介绍具体的核心素养，如数学抽象素养、逻辑推理素养、数学建模素养、直观想象素养、数学运算素养和数据分析素养的培养策略。这一章为教师提供了具体的指导和实践建议，帮助他们在教学中更有针对性地培养学生在这些方面的能力。

第八章和第九章分别为"核心素养导向的高效数学教学评估与改进"和"总结与展望——核心素养与高效数学教学的未来方向"。这两章讨论了如何对基于核心素养的教学进行有效的评估和改进，以及未来数学教育的发展趋势。笔者认为，教学评估不应仅关注学生的知识掌握情况，更应关注学生思维能力和核心素养的发展。同时，书中展望了未来数学教育的方向，强调了持续创新和教师专业发展的重要性。

本书旨在为教师提供一个全面的视角，帮助他们在日益变化的教育环境中更好地适应和发展。希望通过本书，教师能够更深入地理解核心素养的重要性，掌握构建高效课堂的方法，并有效地应用不同的教学策略，以培养学生的综合素质和能力。

目 录

第1章 高中数学核心素养概述 / 001

  1.1 核心素养的内涵 / 003

  1.2 高中数学核心素养的概念与理解 / 010

  1.3 高中数学核心素养的特征 / 013

  1.4 高中数学的六大核心素养 / 020

第2章 基于核心素养的高中数学高效课堂建构的理论基础 / 029

  2.1 高效课堂的相关定义 / 031

  2.2 基于核心素养的数学高效课堂建构原则 / 035

  2.3 基于核心素养的数学高效课堂建构的历史发展 / 042

  2.4 基于核心素养的数学高效课堂与传统课堂的区别 / 046

第3章 核心素养视角下的高中数学高效课堂建构实践 / 053

  3.1 核心素养视角下结合生活实践建构数学高效课堂 / 055

  3.2 核心素养视角下利用大数据技术建构数学高效课堂 / 058

  3.3 核心素养视角下完善解题活动建构数学高效课堂 / 063

  3.4 核心素养视角下用多元化授课建构数学高效课堂 / 067

第4章 核心素养视角下高中数学教学方法的重点 / 075

  4.1 核心素养视角下建立正确的认知结构与思维习惯 / 077

4.2 核心素养视角下培养基本的数学能力与思维过程 / 085

4.3 核心素养视角下加强学生思想品德教育 / 092

4.4 核心素养视角下教学方法的选择依据 / 097

第5章 不同教学方法培养高中数学核心素养的应用实践 / 103

5.1 翻转教学法培养数学核心素养的应用实践 / 105

5.2 微课教学法培养数学核心素养的应用实践 / 109

5.3 大单元教学法培养数学核心素养的应用实践 / 114

5.4 合作式教学法培养数学核心素养的应用实践 / 116

5.5 分层教学法培养数学核心素养的应用实践 / 120

5.6 "读思达"教学法培养数学核心素养的应用实践 / 125

第6章 不同课型培养高中数学核心素养的应用实践 / 131

6.1 新授课培养数学核心素养的应用实践 / 133

6.2 复习课培养数学核心素养的应用实践 / 135

6.3 讲评课培养数学核心素养的应用实践 / 139

6.4 习题课培养数学核心素养的应用实践 / 141

6.5 实验课培养数学核心素养的应用实践 / 145

第7章 高中数学六大核心素养的培养策略 / 147

7.1 数学核心素养中的数学抽象素养的培养策略 / 149

7.2 数学核心素养中的逻辑推理素养的培养策略 / 154

7.3 数学核心素养中的数学建模素养的培养策略 / 160

7.4 数学核心素养中的直观想象素养的培养策略 / 166

7.5 数学核心素养中的数学运算素养的培养策略 / 169

7.6 数学核心素养中的数据分析素养的培养策略 / 173

第8章 核心素养导向的高效数学教学评估与改进 / 175

8.1 核心素养在数学教学评估中的角色定位 / 177

8.2 评估工具与方法：高效课堂的量化与质化评估分析 / 180

8.3 核心素养导向下基于评估结果的教学策略调整与优化 / 184

8.4 核心素养导向下高中数学教学方法的使用效果检测 / 188

第9章 总结与展望——核心素养与高效数学教学的未来方向 / 193

9.1 核心素养与高效课堂建构的实践回顾 / 195

9.2 基于核心素养的教学方法的创新与发展 / 199

9.3 核心素养视角下教师角色的转变与专业发展 / 203

9.4 对未来基于核心素养的高效数学教育的展望 / 207

参考文献 / 210

第 1 章　高中数学核心素养概述

1.1 核心素养的内涵

近年来,"核心素养"一词在国际教育领域受到广泛关注。世界各主要发达国家和地区纷纷建立了各自的核心素养框架,从多角度解读了核心素养的概念。本章分析了不同框架下核心素养的定义、特性、内容及重要性,旨在深入解析核心素养的概念与本质。这一分析将有助于人们更精确地理解核心素养究竟包含什么,为对核心素养的进一步研究提供坚实的理论基础。

1.1.1 教育领域中"双基""三维目标"及"核心素养"的提出与发展

教育领域的发展历程见证了几个关键概念的诞生与演进。"双基"概念最早见于1952年教育部颁发的《中学暂行规程(草案)》,它强调基础知识与基本技能的重要性,并长期作为教育课程的核心理念被践行。且这一理念对我国中小学教育的影响至今犹存。进入21世纪,2001年,教育部颁布了《基础教育课程改革纲要(试行)》,其中提出了"三维目标"概念,标志着新一轮课程改革的开始。[1] 这一理念更多地关注学习方式和能力的方法论层面,以及学生的情感、态度和价值观的发展。"三维目标"将知识与技能、过程与方法、情感态度与价值观视为教学中不可分割的整体,并将其细分为三个维度进行解释,体现了对学生全面、和谐、个性化以及终身发展的重视。

---

[1] 钟启泉,崔允漷,张华. 为了中华民族的复兴　为了每位学生的发展:《基础教育课程改革纲要(试行)》解读 [M]. 上海:华东师范大学出版社,2001:17.

尽管"三维目标"科学合理，但其在实际应用中却面临挑战，因为其表述较为抽象。基于此，结合国内外的改革经验，2016年9月，教育部正式发布了核心素养教育目标的研究成果。这一研究成果确立了核心素养的结构框架，从学生未来的职业和生活需求出发，确定教学目标。核心素养分为文化基础、自主发展、社会参与三大部分，更具体地体现了现代素质教育的理念。

1.1.2 "双基""三维目标"与"核心素养"之间的联系与区别

"双基""三维目标"和"核心素养"构成了教育发展的连续体。"双基"的提出与当时的经济实力和生产状况紧密相连。由于当时工业发展尚处于起步阶段，对于具备知识和技能的人才的需求显著，因此强调学生基础知识与技能的培养。[①] 随着经济的发展和生产力的提升，新兴职业的出现要求人才不仅要具备基本知识和技能，还要具备综合素质，以适应多样化的职业需求。在此背景下，"三维目标"应运而生，它不仅强调知识与技能的培养，还强调过程与方法、情感态度与价值观的培养，以促进人才的全面发展。当代社会对人才的要求则更为全面和细致，因而"核心素养"概念被提出，它不仅强调对学科知识的综合运用，还涉及社交能力、自主学习、实践能力和国际理解等方面，对学生应具备的素养做出了全面而详细的阐述。总而言之，无论是"双基""三维目标"还是"核心素养"，它们都反映了教育在人才培养方面的不断进步和时代的发展需求。

1.1.3 核心素养的深层阐释

核心素养概念的提出，旨在培养学生应对未来挑战应具备的关键品格和能力。2016年9月，中国确定了核心素养的结构框架，以"全面发展的人"

---

① 陈近.中国数学双基教学的史与思[M].杭州：浙江大学出版社，2018：81.

为核心理念，涵盖文化基础、自主发展和社会参与等三大领域。[1] 这三大领域被细分为六大核心素养——人文底蕴、科学精神、学会学习、健康生活、责任担当、实践创新，进而又被详细分解为十八个基本要素。[2] 这些要素并非孤立存在，而是相互补充、促进，形成一个互动的整体。[3] 目前，中国正根据此框架，制定针对不同年龄段学生的核心素养内涵、课程实施策略和课程质量评价体系。

人文底蕴包含人文积淀和人文情怀两大方面。其中，人文积淀是指对国内外人文知识和成果的深厚理解和掌握，包括人文思想的认识和实践方法。人文情怀则是指具有以人为本的意识，体现为尊重和维护人的尊严和价值，以及对人类生存、发展和幸福的关怀。科学精神包含理性思维、批判质疑和勇于探究三方面内容。其中，理性思维涵盖对真知的追求、尊重事实和证据的态度，以及通过科学的思维方式认识和解决问题。批判质疑指的是问题意识的培养、独立思考和判断能力，以及多角度、辩证的问题分析和决策能力。而勇于探究则包括好奇心、想象力、面对困难的探索精神和尝试解决问题的积极性。

学会学习这一核心素养主要指的是乐学善学，强调对学习价值的理解、积极的学习态度、良好学习习惯的培养，以及自主学习和终身学习的能力。健康生活则包含勤于反思、信息意识和珍爱生命这三个方面。其中，勤于反思包括对学习状态的自我审视、经验总结，以及根据不同情境调整学习策略和方法的能力。信息意识指有效获取、评估和鉴别信息的能力，以及数字化生存能力、网络伦理和信息安全意识。珍爱生命则代表理解生命意义，具备安全意识、自我保护能力，以及健康文明的生活习惯和方式。

责任担当包含健全人格、自我管理与社会责任三个方面。健全人格包含积极的心理品质、自制力、情绪调节和管理能力，以及抗挫折能力。自我

---

[1] 中国教育学会. 核心素养与适合的教育 [M]. 北京：现代出版社，2016：120.
[2] 林崇德. 21 世纪学生发展核心素养研究 [M]. 北京：北京师范大学出版社，2016：139.
[3] 苏灿强，李津任，孔鑫辉. 立足核心素养，高效开展高中数学教学 [M]. 长春：吉林人民出版社，2020：251.

管理涉及自我认识、评估、发展方向选择、时间和精力的合理分配及目标达成能力。社会责任涵盖自尊自律、文明礼貌、诚信友善、团队意识、公民义务和权利的行使等多方面。实践创新则包含国家认同、问题解决以及技术运用三个方面。国家认同指对国家意识、国情历史的理解，认同国民身份，捍卫国家主权、尊严和利益。问题解决则指善于发现和提出问题，制定解决方案，以及在复杂环境中应对问题的能力。技术运用是指理解技术与人类文明的联系，具备学习和掌握技术的兴趣，以及工程思维和技术创新能力。

1.1.4 关于核心素养内涵的深度探讨

核心素养的概念在教育界和国际组织中受到广泛关注，不同学者和机构对其内涵有着各自的理解和界定。

1.1.4.1 张华、刘恩山、余文森等学者的"要素说"

张华将核心素养定义为普遍性质的素养，认为其适用于所有人和各种情境。① 刘恩山视核心素养为跨学科的关键能力，强调其对个体极为重要且可在各个学科中培养。② 余文森认为，核心素养是基础且具有生长性的关键素养，类似于建筑的地基，决定了整体建筑的高度和稳固性。③ 这些观点均强调了核心素养的生成过程中存在关键时期，一旦错过，便难以补救。

1.1.4.2 李艺和钟柏昌等学者的"层次说"④

他们认为，基础教育的核心素养包含三个方向：双基指向、问题解决指向以及科学（广义）思维指向。其中，双基指向关注基础知识和技能，问题解决指向着重学习解决问题的基本方法，而科学思维指向则以学生在各学科

---

① 张华.论教师核心素养与教学想象 [J].江苏教育，2022（54）：20-23.
② 刘恩山.核心素养作引领　注重实践少而精：《普通高中生物学课程标准》修订思路与特色 [J].生物学通报，2017，52（8）：8-11.
③ 余文森.核心素养导向的课堂教学 [J].教学月刊（中学版），2018（6）：63-64.
④ 李艺，钟柏昌.谈"核心素养"[J].教育研究，2015（9）：17-23.

学习中形成的思考和解决问题的思维方式及价值观为目标。

1.1.4.3 国际组织对核心素养内涵的界定

经济合作与发展组织（OECD）提出了包括工具使用、群体互动和自律自主三个维度的核心素养。[①] 欧盟则将核心素养定义为涵盖母语、外语、学习能力、信息素养、数学与科技、公民与社会、创业及艺术八个方面。[②] 联合国教科文组织在其报告中提出了身体健康、社会情绪、文化艺术、文字沟通、学习方法与认知、数字与数学、科学与技术七个维度的核心素养。[③] 美国的《21世纪技能框架》中则规定，核心素养应涵盖学习与创新、信息媒体与技术、生活与职业三大技能领域。[④] 加拿大魁北克地区教育组织认为，核心素养应包括认知素养、个人与社会素养、方法性素养以及沟通素养四项。[⑤]

1.1.5 核心素养的特点

核心素养的特点可以概括为普遍性、系统性、生长性和统整性，这些特点在不同国家和地区的教育实践中得到了体现和应用。

1.1.5.1 普遍性

核心素养具有普遍性，意味着它适用于各种学习领域和不同情境的基本要求。与特定情境下形成的个体"素养"不同，核心素养是普适于所有情境和所有人群的通用素养。它跨越学科界限，不局限于特定知识领域，而是着

[①] 杨惠雯. OECD核心素养框架的理论基础[J]. 外国中小学教育，2018（11）：20-27，19.

[②] 常飒飒，王占仁. 欧盟核心素养发展的新动向及动因：基于对《欧盟终身学习核心素养建议框架2018》的解读[J]. 比较教育研究，2019（8）：35-43.

[③] 郑彩华. 联合国教科文组织《数字素养全球框架》：背景、内容及启示[J]. 外国中小学教育，2019（9）：1-9.

[④] 胡玮. 美国21世纪技能测评及其借鉴[J]. 教育测量与评价，2017（7）：35-41.

[⑤] 邵朝友. 素养导向课程标准的剖析：魁北克经验与启示[J]. 当代教育科学，2017（2）：38-41.

重于个体主动获取知识和技能的过程。在信息爆炸的时代背景下，核心素养强调的是学习能力，以适应快速变化的科技和社会需求。

1.1.5.2 系统性

系统性指核心素养各指标因素之间相互补充和促进的特性。从纵向看，素养的形成涵盖生理、心理、文化和思想等不同层面，每个层面都为后续层面提供基础。例如，自我认知素养与反思能力的培养和发展是相互促进的，这体现了核心素养之间的系统性。核心素养的系统性强调各种素养在个体发展过程中的相互支持和共同促进。

1.1.5.3 生长性

核心素养具有生长性，即它们是可教可学且能不断发展的。学生在获取核心素养的过程中呈现出循序渐进、不断深化的特点。这些素养能够在教育过程中得到培养和发展，如沟通交流能力的培养就是一个典型例子，它随着学生的成长和社会经验的增加而日渐成熟和完善。

1.1.5.4 统整性

核心素养的统整性表现为知识、能力、态度、价值观和情绪的综合体。它不仅包含传统教育领域强调的知识和能力，还涵盖学生的情感、态度和价值观。核心素养超越了单纯的知识与能力的二元对立，强调了个体的反思思考、行动与学习的重要性，目的不仅在于满足人们的基本生活需求，还在于促进个体发展和有效参与社会活动。

1.1.6 核心素养的价值

核心素养的价值在现代社会具有重要意义，主要体现在适应社会诉求与技术发展、关注人的终身学习和全面发展、促进自我认同、重视生活品质等方面。

1.1.6.1 适应社会诉求与技术发展

在快速变化的社会和科技环境中,核心素养可以帮助培养能够推动科技创新和社会进步的人才。这种素养反映了现代社会对人才的需求,涉及文化多元共生、科技发展、交流合作等方面,如外语交流、文化认同、团队合作等,响应了知识经济时代的发展趋势。

1.1.6.2 关注终身学习和全面发展

在知识更新迅速的社会中,终身学习能力成为个人适应变化的关键。核心素养强调学习的持续性、多样性和自主性,以促进个人的全面发展。它不仅涉及特定学科的知识和技能,还包含学生全面发展所需的各方面素养。

1.1.6.3 促进自我认同和自主行动

核心素养有助于学生建立明确的自我概念,理解并接纳自己,明确个人优势和不足,确定发展方向。这包括学会认识自己、发掘潜能、进行反思等,同时强调解决问题的能力,如主动探索、问题解决能力、系统思维等,帮助学生积极应对挑战。

1.1.6.4 重视生活品质与生存质量

核心素养对个人的生活品质和生存质量有着深远的影响。它不仅可以满足个人社会立足和发展的基本能力需求,还包括个人品质、文化素养和精神境界,影响个人与社会、自然的相处方式,提升日常生活的品位和质量。核心素养还能促进个人与社会的良性互动,增强成就感和愉悦感。

1.1.7 核心素养的实际应用与实践

在我国,核心素养的实践主要集中在课程改革和教育发展上。例如,王烨晖等学者强调,中国应建立核心素养模型,关注其一贯性、发展性和时代性;核心素养的构建需征求相关利益者的意见,并妥善处理与教育改革发展的关系。①

在国际层面,核心素养的实施不仅与课程改革相结合,还涉及课程体系的关系和模式。例如,法国在2006年颁布了《共同基础法令》,将核心素养与课程目标相结合,保障并规范了核心素养的实施。②芬兰的《国家课程》、匈牙利的《国家核心课程》等都对培养学生的核心素养提出了明确要求。国际上实施核心素养的研究可以分为三个层次:首先,实施核心素养需要国家层面的支持和指导,以及制定相应的教育方针和政策;其次,在课程设置上应多样化,包括独立学科形式、学科课程形式,以及贯穿整个课程体系的形式;最后,需要将传统课程和现代化核心素养统一整合。

1.2 高中数学核心素养的概念与理解

1.2.1 数学学科核心素养的内涵

数学学科的核心素养,作为教育改革和发展的重要组成部分,承载着培养学生综合能力和应对现代社会挑战的重要任务。这一概念不仅强调对数学知识和技能的掌握,更加强调通过数学学习促进学生的全面发展。这种全面发展包括培养学生的批判性思维、解决实际问题的能力、创新精神,以及对数学知识的深刻理解和应用。

在数学教育中,核心素养的实现既关注学生对数学基本概念、原理和方法的掌握,也注重学生在情感、态度和价值观方面的发展。这不仅涉及学生如何理解数学知识,更重要的是如何将这些知识应用于实际生活,如何通过

---

① 王烨晖,辛涛,边玉芳.课程评价的理论、方法与实践[M].北京:北京师范大学出版社,2020:100.

② 安延.法国基础教育改革指导性文件:共同基础法令出台[J].世界教育信息,2006(11):9-11,63.

数学思维解决复杂问题，以及如何在学习过程中形成积极的学习态度和持久的学习兴趣。此外，数学学科的核心素养还体现了与时代发展的适应性，特别是在数据洪流和信息技术高速发展的当代社会中，数据的理解和处理能力、信息技术的应用能力已成为学生必须掌握的关键技能。

数学学科的核心素养不仅是个人能力的体现，也是教育方针的具体化。它旨在用数学教育帮助学生形成正确的世界观、人生观和价值观。在这个过程中，学生不仅学习了数学知识，还学会如何思考、如何探究、如何创新。它促使学生在学习过程中建立起对数学的兴趣和信心，从而激发他们对学习的热情和对未知领域的好奇心。数学学科的核心素养是一种综合性的素养，它涵盖了从知识技能到情感、态度、价值观等多个方面。在对数学学科核心素养进行培养后，学生不仅可以在数学领域获得扎实的基础，还能够在情感和价值观等方面得到全面发展，并最终成为具有创新精神和实践能力的现代公民。

学科核心素养的培养是教育领域对学生全面发展的关键投入，它强调在学科学习的过程中不仅要使学生掌握知识和技能，更重要的是要在这一过程中培养学生理解和掌握解决问题的思想与方法。这种素养是学生在学习特定学科后形成的具有学科特点的关键成就，集中体现了学科育人的价值。

具体到数学学科，它是一门逻辑性和应用性极强的学科。数学核心素养的形成，意味着学生不仅要掌握数学的基本知识和技能，更要能够用数学的眼光观察世界、用数学的思维思考问题、用数学的语言表达和解决问题。这种能力的养成，使得学生即便在未来不从事与数学直接相关的工作，或在与具体数学知识不相关的情况下，仍然能够运用数学的思维方式去理解和解决生活中的问题。

数学核心素养的形成对学生的全面发展至关重要。它不仅促进了学生对数学知识的深入理解和应用，还帮助学生发展了逻辑思维和理性思维，提高他们解决问题的能力。有了数学学科核心素养的培养，学生能够更好地适应和参与社会活动，成为具有创新精神和实践能力的个体。因此，数学教育的终极目标不仅是传授数学知识，更重要的是培养学生的综合素质，使他们能够用数学的眼光观察世界，用数学的思维思考世界，用数学的语言表达世界。这种素养的养成,使得学生在面对生活和工作中的各种问题时,能够运用数学的方法和逻辑,有条理、有目的地进行分析和解决。

1.2.2 数学学科核心素养的要素

根据《普通高中数学课程标准(2017年版2020年修订)》,数学学科核心素养的要素包括六个方面,每个方面都是数学课程目标的集中体现,反映了数学的基本特征和育人功能。这些要素既相对独立,又相互交融,形成一个有机整体,具体包括数学抽象、逻辑推理、数学建模、直观想象、数学运算、数据分析六个方面,见表1-1。

表1-1 数学学科核心素养的六个方面[①]

要素	内涵	主要表现
数学抽象	数学抽象是指通过对数量关系和空间形式的抽象,得到数学研究对象的素养。主要包括:从数量与数量的关系、图形与图形关系中抽象出数学概念及概念之间的关系,从事物的具体背景中抽象出一般规律和结构,并用数学语言予以表征	获得数学概念和规则,提出数学命题和模型,形成数学方法和思想,认识数学结构与体系
逻辑推理	逻辑推理是指从一些事实和命题出发,依据规则推出其他命题的素养。主要包括两类:一类是从特殊到一般的推理,推理形式主要有归纳、类比;另一类是从一般到特殊的推理,推理形式主要有演绎	掌握推理基本形式和规则,发现问题和提出命题,探索和表述论证过程,理解命题体系,有逻辑地表达和交流
数学建模	数学建模是对现实问题进行数学抽象,用数学语言表达问题、用数学方法构建模型解决问题的素养。数学建模过程主要包括:在实际情境中从数学的视角发现问题、提出问题、分析问题、建立模型、确定参数、计算求解、检验结果、改进模型,最终解决实际问题	发现和提出问题,建立和求解模型,检验和完善模型,分析和解决问题

---

① 中华人民共和国教育部.普通高中数学课程标准:2017年版2020年修订[M].北京:人民教育出版社,2020:4-9.

续　表

要素	内涵	主要表现
直观想象	直观想象是指借助几何直观和空间想象感知事物的形态与变化，利用空间形式特别是图形，理解和解决数学问题的素养。主要包括：借助空间形式认识事物的位置关系、形态变化与运动规律；利用图形描述、分析数学问题；建立形与数的联系，构建数学问题的直观模型，探索解决问题的思路。直观想象是发现和提出问题、分析和解决问题的重要手段	建立形与数的联系，利用几何图形描述问题，借助几何直观理解问题，运用空间想象认识事物
数据运算	数学运算是指在明晰运算数学对象的基础上，依据运算法则解决数学问题的素养。主要包括：理解运算对象、掌握运算法则、探究运算思路、选择运算方法、设计运算程序、求得运算结果等	理解运算对象、掌握运算法则、探究运算思路、求得运算结果
数学分析	数据分析是指从研究对象处获取数据，运用数学方法对数据进行整理、分析和推断，形成关于研究对象知识的素养。主要包括：收集数据、整理数据、提取信息、构建模型、进行推理、获得结论	收集和整理数据，理解和处理数据，获得和解释结论，概括和形成知识

1.3　高中数学核心素养的特征

根据国内外对数学学科核心素养的研究，国内相关学者总结了数学学科的三大特征：综合性、阶段性和持久性。[①]

---

① 姚雪. 数学的特征及其教育价值 [J]. 中学数学月刊，2023（3）：11-17.

1.3.1 综合性特征

高中数学学科核心素养，作为教育体系中重要的组成部分，不仅涵盖了数学的核心知识和能力，还包括了数学思想方法、数学文化，以及数学习惯和态度。这些特征共同构成了数学学科核心素养的综合性特征，体现了数学教育的全面性和深度。

1.3.1.1 数学核心知识的掌握

数学核心知识是数学学科核心素养的基础。高中数学课程涵盖了几何、代数、概率统计等基本领域，对学生而言，掌握这些知识不仅是要记住公式和定理，更重要的是要理解其背后的数学原理和逻辑。这种深入的理解能够使学生在遇到新问题时，灵活运用所学知识，而不仅仅是机械地应用公式。

1.3.1.2 数学能力的培养

数学能力的培养是数学核心素养培养的关键部分。它不仅包括了基本的计算能力，还包括了解决问题的能力、逻辑推理能力、批判性思维能力和创新能力的培养。例如，数学建模能力要求学生能够将现实问题转化为数学问题，并运用数学知识进行解决；批判性思维能力则要求学生不仅要接受数学知识，还要能够对其进行质疑和反思。

1.3.1.3 数学思想方法的理解

数学思想方法包括抽象思维、逻辑推理、演绎和归纳等。在数学学习过程中，学生应该学会如何使用这些思想方法去理解和解决问题。例如，抽象思维能帮助学生从具体问题中提取出一般规律，逻辑推理则是在保证论证严密性的基础上进行思考。

1.3.1.4 数学文化的融入

数学文化是指数学学科所蕴含的历史、哲学和文化内涵。在数学学习中融入数学文化，可以帮助学生更全面地理解数学知识，增强对数学学科的兴趣和敬畏。了解数学历史，可以使学生意识到数学知识是人类智慧的结晶，感受到数学的发展过程和它在科学技术进步中的重要作用。

1.3.1.5 数学习惯和态度的形成

良好的数学习惯和积极的数学态度对学生的数学学习至关重要。这包括了持之以恒的学习习惯、求真务实的学习态度、合作和交流的能力等。培养良好的学习习惯，学生可以更有效地掌握和运用数学知识；而积极的学习态度，则能激发学生学习数学的热情，促进其在学习过程中的积极探索和创新。

在数学学习的过程中，学生不仅需要掌握数学的基础知识和基本能力，更重要的是要学会用数学语言描述问题，用数学眼光看待问题，最后用数学思维分析和解决问题。这些能力的培养，使得学生不仅在数学课堂上能够运用所学，在生活和将来的工作中也能运用数学思维解决实际问题。

数学核心素养的养成依赖数学的基本知识和基本能力，其外在表现形式是用数学知识解决数学问题的数学素质和态度的体现。这种素质和态度不仅在数学学习中至关重要，在学生的日常生活和未来的职业生涯中也发挥着重要作用。数学核心素养不仅是一种技术或知识的积累，更是一种思维和文化的内化。在高中阶段，学生在经过数学学科核心素养的学习和实践后，可以达到以下几个方面的发展。

（1）培养解决复杂问题的能力。数学学习不仅要让学生学会解决具体的数学问题，更重要的是培养学生在面对现实生活中的复杂问题时，能够运用数学知识和思维方式进行有效分析和解决。这要求学生不仅要掌握数学知识，还要能够在实际情境中灵活运用这些知识，发挥创造性和批判性思维。

（2）提高逻辑推理和抽象思维能力。数学学科的核心素养强调了逻辑推理和抽象思维的重要性。在学习过程中，学生不仅要学会如何运用数学公式和定理，还要学会如何使用逻辑推理来证明这些公式和定理。此外，抽象思维的培养则可以帮助学生从具体事物中提炼出一般规律，形成对数学概念的深刻理解。

（3）发展数学沟通和表达能力。数学沟通和表达能力是数学核心素养的重要组成部分。学生需要学会如何用清晰、准确的语言表达数学思想，如何将数学问题和解决方案有效地呈现给他人。这不仅有助于学生加深自己对数学知识的理解，也是与他人进行有效沟通和合作的必要技能。

（4）增强数学应用和创新能力。在数学学科核心素养中，数学应用和创新能力占据了重要位置。学生不仅要学会如何将数学知识应用于实际问题的解决，更要学会如何在已有知识的基础上进行创新和拓展。这种能力的培养有助于学生在将来的学习和工作中，面对新问题、新挑战时展现出更多的可能性。

（5）树立正确的数学态度和价值观。数学学科核心素养还强调了正确的数学态度和价值观的形成。这包括了对数学学科的尊重和热爱、对数学知识的客观评价，以及在数学学习过程中的积极态度。树立正确的数学态度和价值观，能够帮助学生更好地理解数学在现代社会中的作用和意义，也能够激发他们学习数学的热情和兴趣。

高中数学学科核心素养的综合性特征体现在对数学知识、能力、思想方法、文化、习惯和态度的全面涵盖上。这一特征的培养，让学生不仅能够在数学领域内获得丰富的知识和学以致用的能力，更能在思维方式、情感态度、价值观等方面得到全面的提升。而这种全方位的发展，不仅有助于学生未来在学术领域的成长，更对他们的个人成长和未来的社会生活具有深远的影响。数学学科核心素养的培养，使学生能够更好地适应社会的需求，成为具有创新精神和实践能力的现代公民。

1.3.2 阶段性特征

数学学科核心素养的阶段性特征体现为学生在不同教育阶段对数学知识的理解和应用能力的不同。这种差异主要源于每个年龄阶段学生的心理和认知能力的不同。随着学生年龄的增长和知识水平的提高，他们对数学问题的理解和解决方法也会发生相应的变化。这种变化不仅反映在学生对数学概念的理解深度上，还体现在解决数学问题的方法和思维方式上。

在不同的教育阶段，数学学科核心素养的要求也有所不同。例如，在小学阶段，数学学科核心素养的重点可能更多地放在基本数学概念的理解和基础计算能力的培养上。这个阶段，学生在学习运算规则、简单几何图形等的过程中，建立起对数学的初步理解。此时，他们的思维方式是具体的、形象的，要重视对数学知识直观感受的培养。

进入中学阶段，随着学生认知能力的发展，数学学科核心素养的要求更加注重对数学概念的深入理解和逻辑推理能力的培养。在这个阶段，学生不仅需要掌握更多的数学知识，如代数、几何、概率等，还需要学会如何运用这些知识解决更复杂的数学问题。此时，他们的思维方式开始由具体形象向抽象逻辑转变，开始注重数学推理和证明过程的逻辑性和严密性。

高中阶段的数学学科核心素养则更加强调高层次的思维能力和综合应用能力的培养。在这个阶段，学生需要对数学知识有更深入的理解，掌握更复杂的数学方法和运算技巧。他们不仅要学会使用数学工具解决问题，还要学会如何在不同的情境中运用数学思维进行分析和创新。此时，学生的数学思维更加成熟和系统，能够对数学问题进行深入的探究和综合性的分析。

不同阶段的数学学科核心素养也反映了数学教育的递进性。在教育的不同阶段，教师需要根据学生的认知发展水平设计合适的教学内容和方法，使学生的数学学科核心素养得到逐步的发展和提升。例如，在小学阶段，教师可能更多地使用生动的实例和直观的教具来帮助学生理解数学概念；而到了初中和高中阶段，教师则可能更多地采用探究式学习方法，鼓励学生进行独立思考和创新性探索。在数学学科核心素养的教学过程中，教师还需要注意学生个体差异的能力水平。由于每个学生的认知发展水平、兴趣和学习风格都有所不同，所以教师需要采用灵活多样的教学策略，以满足不同学生的学习需要。同时，教师需要引导学生形成积极的学习态度和正确的数学价值观，帮助他们在数学学习过程中形成积极的自我概念，从而激发他们对数学学习的兴趣。

在深入理解数学学科核心素养的阶段性特征的过程中，教师必须认识到，这种素养的培养不是孤立和静态的，而是一个动态发展的过程。随着学生年龄的增长和知识水平的提升，他们对数学的理解和应用能力会逐渐深入和提高，这要求教师在不同教育阶段采取不同的教学策略和方法，以适应学生认知能力发展的实际需要。

在高中阶段，数学学科核心素养的培养更加侧重高级思维技能的发展，如批判性思维、创新思维和问题解决的能力。因此，这一阶段的数学教学不仅要求学生掌握复杂的数学概念和运算技巧，还要求学生能够在实际情境中灵活运用这些知识和技能。例如，学生应当学会如何运用数学知识解决真实世界的问题，如何在数学建模和数据分析中发现问题并提出创新的解决方案。

数学学科核心素养的培养还应当注重情感、态度和价值观的塑造。在数学学习的过程中，学生不仅应当学会欣赏数学之美，还应当形成积极探索和终身学习的态度。数学教育可以让学生认识到数学不仅是学科知识的学习，更是一种思维训练和个性培养。例如，教师可以在教学中通过数学史中的经典问题和数学家的故事激发学生对数学的兴趣，同时培养他们的好奇心和探索精神。在数学学科核心素养的培养过程中，家庭和社会环境的作用也不容忽视。家长和社会应当为学生提供一个支持和鼓励的环境，让学生感受到数学学习的乐趣和价值。家长可以鼓励孩子运用数学思维思考和解决日常生活中遇到的实际问题，从而使数学学习与现实生活紧密联系起来。社会也应当为学生提供丰富的数学学习资源和实践机会，如数学竞赛、数学夏令营等，以激发他们的学习兴趣和探索欲望。

1.3.3 持久性特征

数学学科核心素养的持久性特征是其在教育领域中最为显著和重要的特征之一。数学核心素养的养成不是短暂的或者是仅限于学校教育阶段的，而是伴随人的一生的持久性活动。它在学生的整个学习过程中逐步形成，并对后续的生活和职业道路产生深远的影响。

数学核心素养的持久性体现在多个方面。在学校教育阶段，学生通过学习数学知识和技能，不仅掌握了解决数学问题的方法，还学会了如何运用这些知识和技能解决现实生活中的问题。这些知识和技能的积累不仅对学生将来的学术成就有重要影响，更对其未来的职业生涯和日常生活起着长期的作用。数学核心素养的持久性还体现在思维方式和解决问题能力的形成上。数学学习不仅让学生能够学会用数学的方式去分析问题，还能够使他们养成一种逻辑严密、条理清晰的思维方式。而这种思维方式对于学生未来分析和解决复杂问题具有重要意义。无论是在学术领域还是在职业和日常生活中，这种思维方式都能帮助学生更加理性和有效地解决问题。数学核心素养的持久性还体现在对个人品质和价值观的影响上。数学学习不仅仅是知识和技能的积累，更是一种品质和价值观的培养。学习数学可以让学生养成精确、严谨、批判性和创新性等重要的个人品质。这些品质不仅对他们未来在学术领域中有所创见起到重要作用，还在学生的整个人生中发挥积极作用。

数学核心素养的持久性不仅体现在学生对数学知识的长期记忆与应用上，还体现在它对学生的世界观、人生观、价值观的形成和个人能力的发展产生深远影响上。这种持久性的特征要求数学教育不仅是对知识的传授，更是一种思维能力、解决问题的能力和生活态度的培养，它要求学生在学会解决具体的数学问题的同时，培养出能够适应未来社会发展的核心竞争力。

数学核心素养的培养是一个长期的、渐进的过程。从小学到高中，甚至大学及以后的终身学习，每个阶段的数学学习都在为学生的终身发展打下基础。例如，小学阶段的数学学习强调基础知识和基本技能的培养，为后续更复杂的数学学习奠定基础；中学阶段的数学学习则更加强调逻辑推理和问题解决能力的培养，帮助学生形成更为成熟的思维方式；高中及更高阶段的数学学习，则更多地注重数学思维的深化和应用，以及创新能力的培养。数学核心素养的持久性还体现在其对个人生涯规划和社会参与能力的影响上。学生通过数学学习培养的逻辑思维、问题解决能力和创新意识，在未来的学习、工作和生活中都将发挥重要作用。无论是在科学研究、工程设计、经济管理，还是在日常生活的决策中，这些在数学学习中培养起来的能力都是不可或缺的，它们使学生在面对复杂多变的现代社会时，能够更加理性和有效地做出判断和决策。

数学核心素养的培养不仅是学校教育的一部分，更是学生终身学习和个人发展的重要组成部分。教师在教学过程中需要注重数学核心素养的持久性特征，使用有效的教学方法和策略，帮助学生建立起对数学的兴趣和自信，使他们养成能够适应未来社会发展的核心能力。同时，家庭和社会应当为学生提供支持和鼓励，帮助他们在学习数学的过程中形成积极的学习态度和正确的价值观。

1.4 高中数学的六大核心素养

学科核心素养的培养是教育过程中对个体全面发展的重视，它不仅关乎知识的传递和技能的训练，更涉及价值观的塑造、品格的培育以及能力的全面提升。在数学学科中，核心素养的培养尤为关键，因为它涉及的不仅是数学知识的学习，更是一种思维方式和问题解决能力的培养，以及一种对世界的理性认识和审视。数学学科核心素养是学生通过数学学习逐渐形成的正确的价值观、必备的品格和关键的能力，它是数学课程目标的集中体现，反映了数学的基本特征，是一个人的思维品质、关键能力以及情感、态度和价值观的综合体现。数学学科核心素养的形成和发展是一个持续的过程，它包括数学抽象、逻辑推理、数学建模、直观想象、数学运算和数据分析等多个方面。这些方面既相对独立，又相互交融，共同构成了一个有机的整体。[1]

---

[1] 中华人民共和国教育部.普通高中数学课程标准：2017年版2020年修订[M].北京：人民教育出版社，2020：4-8.

1.4.1 数学抽象

数学抽象作为数学学科核心素养的重要组成部分，是理解数学本质和发展数学思维的基础。在数学学习过程中，数学抽象不仅是一种技能的培养，更是一种思维方式的塑造。它涉及从具体的数量关系和空间形式中抽象出数学概念和规律，以及使用数学语言对这些概念和规律进行精确的表达。这种抽象过程是数学思维的核心，贯穿于数学的各个方面，如算术、代数、几何、微积分等。

数学抽象的过程，从本质上看，是对现实世界复杂现象的简化和高度概括。通过抽象，复杂的现实问题被转化为更易理解和处理的数学模型。例如，将物理世界的运动和力的关系抽象为数学中的函数关系，将现实世界中的形状和图形关系抽象为几何学中的图形和性质。这种抽象能力不仅能帮助学生理解数学概念，更能让他们将这些概念应用于解决实际问题。数学抽象的学习过程也是一个由具体到抽象的过程。在初期，学生可能更多地关注数学概念的具体实例，如具体的数值、特定的几何图形等。随着学习的深入，学生开始能够从这些具体实例中抽离出一般的规律和概念，并理解这些规律和概念背后的深层含义。例如，从具体的数值运算中理解代数的基本规则，从具体的几何图形中抽象出几何概念和定理。

在数学抽象的过程中，数学语言的作用至关重要。数学语言不仅是表达数学思想的工具，更是思考和探索数学问题的基本手段。学习数学语言让学生能够更准确地描述数学概念、规则和关系，也能更有效地进行数学推理和证明。数学语言的运用也是学生数学思维发展的重要标志，它体现了学生从具体的数学运算向抽象的数学思考的转变。

数学抽象不仅在数学学科内部具有重要作用，它在学生的日常生活和未来的职业生涯中也发挥着重要的作用。数学抽象的训练可以培养学生的理性思维和逻辑推理的能力，这对于他们理解和解决生活中的各种问题是非常有帮助的。例如，数学抽象培养的逻辑思维能力可以帮助学生在面对复杂问题时，能够更加清晰和有条理地进行分析和决策。

数学抽象作为数学学科核心素养的重要组成部分，对学生的数学学习和个人发展具有深远的影响。它不仅帮助学生理解和运用数学概念，更是培养学生理性思维和逻辑推理能力的重要途径。有了数学抽象的学习和实践，学生能够更好地理解和应用数学知识，更能在日常生活和未来的工作中运用数学思维解决实际问题。因此，数学抽象的培养对于学生的全面发展至关重要，它不仅是数学学科学习的需要，更是学生终身学习和发展的基础。

1.4.2 逻辑推理

逻辑推理是一种从已知事实和命题出发，依据逻辑规则推导出新的命题的能力。它主要包括两类：一类是归纳推理，即从特殊到一般的推理，这种推理方式涉及从具体案例中提炼出一般规律；另一类是演绎推理，即从一般到特殊的推理，这种推理方式侧重于根据已有的定理或原理来推导出具体的结论。

逻辑推理在数学中的重要性不言而喻，它是得到数学结论、构建数学体系的重要方式，是数学严谨性的根本保障。逻辑推理使数学具有严密的结构和清晰的逻辑，这是数学与其他学科最为显著的区别之一。在数学学习过程中，逻辑推理不仅体现在解决具体数学问题上，更体现在对数学概念、原理的理解和应用上。逻辑推理的学习和运用是一个动态和渐进的过程。在高中数学课程中，学生将学习和掌握逻辑推理的基本形式和规则，这不仅包括了解推理的类型，还包括学会如何正确应用这些推理。例如，在学习几何时，学生需要用演绎推理来证明几何命题；在学习代数时，学生则需要利用归纳推理来发现和证明代数定律。

学习逻辑推理的学生能够在比较复杂的情境中把握事物之间的关系，理解事物发展的脉络。这不仅有助于学生解决数学问题，还有助于他们在日常生活中运用这种思维方式来分析和解决问题。例如，在面对一个复杂的现实问题时，学生可以通过归纳推理来寻找问题的共性，或者使用演绎推理来根据已知条件推导出问题的解决方案。逻辑推理的学习还能帮助学生形成重视证据、条理清晰、合乎逻辑的思维品质。这种思维品质不仅在数学学习中至关重要，更是学生在学术探究和日常生活中做出合理决策的基础。同时，逻辑推理还能增强学生的交流能力，通过有逻辑地表达和交流，学生能够更有效地与他人沟通思想，更好地参与集体讨论与合作。

逻辑推理是数学学科核心素养的重要组成部分，它对学生的数学学习、思维发展以及个人品质的塑造具有重要影响。逻辑推理不仅是解决数学问题的工具，更是一种思维训练和生活方式。通过在数学课程中对逻辑推理的学习和实践，学生不仅能够提升自己的数学能力，更能在日常生活和未来的学习、工作中运用逻辑推理的思维方式解决各种问题。

1.4.3 数学建模

数学建模是一种将实际问题转化为数学问题，并运用数学方法进行分析和解决的过程。这一过程不仅是对现实问题的数学抽象，还是用数学语言表达问题和构建模型以解决问题的能力的体现。数学建模过程包括在实际情境中从数学的视角发现问题、提出问题，分析问题、建立模型、确定参数、计算求解，检验结果、改进模型，最终解决实际问题。这个过程体现了数学与现实世界的紧密联系，是数学应用的重要形式，也是推动数学发展的重要动力。

数学建模的过程是一个涉及多个阶段的综合性过程，它要求学生不仅应具备扎实的数学知识，还应具备良好的问题发现能力、分析能力和创新能力。在高中数学课程中，学生将学习如何通过数学建模解决实际问题。这一过程的第一步是问题的发现和提出，这一步需要学生能够敏锐地观察生活中的现象，且能从数学的角度找到并提出问题。接下来是问题的分析和模型的建立，这一步要求学生能够合理地分析问题，并建立一个适当的数学模型来描述和解决问题。再接着是模型的求解和结果的检验，这一阶段需要学生运用数学知识和方法对模型进行求解，并通过实际数据检验模型的准确性和适用性。最后一步是模型的改进和问题的解决，这一步要求学生能够根据模型求解的结果对模型进行调整和完善，从而更好地解决实际问题。

数学建模的学习对学生而言具有重要意义，它能够帮助学生建立数学与现实世界之间的联系，增强他们对数学知识实用性的认识。数学建模让学生能够更加深刻地理解数学知识，并将这些知识应用于解决实际问题。数学建模还能够培养学生的创新意识和科学精神。在数学建模的过程中，学生需要不断地尝试和探索，这有助于培养他们的创新思维和科学探究的能力。数学建模还能够提升学生的实践能力。在对实际问题进行分析和解决后，学生能够积累丰富的数学实践经验，这对于他们未来的学习和职业发展都具有重要意义。

数学建模作为数学学科核心素养的重要组成部分，对学生的数学学习和个人发展具有深远的影响。它不仅是对数学知识的应用，更是一种思维训练和能力培养。通过对数学建模的学习和实践，学生不仅能够提升自己的数学能力，还能在日常生活和未来的学习、工作中运用数学思维和方法来解决各种问题。

1.4.4 直观想象

直观想象作为数学学科核心素养的一个重要方面，指的是学生在学习数学的过程中，能够利用几何直观和空间想象去感知事物的形态变化以及理解和解决数学问题。这种能力不仅包括对空间形式，特别是图形的认识，还包括使用图形描述、分析数学问题，以及建立形与数的联系，构建数学问题的直观模型，并探索解决问题的思路。直观想象是一种重要的认知过程，它帮助学生通过视觉和空间感知来理解和解决问题，是数学学习中不可或缺的一部分。

在高中数学课程中，直观想象的培养是至关重要的。数学学习能够让学生提升数形结合的能力，发展几何直观和空间想象能力。这些能力的培养有助于学生在具体情境中感悟事物的本质，增强他们运用几何直观和空间想象思考问题的意识，帮助他们形成数学直观。例如，在学习几何时，学生通过观察和绘制几何图形，可以更直观地理解几何定理和概念；在解决实际问题时，学生通过构建数学模型可以更直观地揭示问题的数学本质，找到解决问题的有效方法。

直观想象对于学生解决数学问题具有重要意义，它不仅是一种解决问题的工具，更是一种探索和形成论证思路、进行数学推理、构建抽象结构的思维基础。直观想象使得学生能够在解决数学问题的过程中，更加直观地理解问题，从而更快地找到解决问题的方法。直观想象素养能够帮助学生将抽象的数学概念和公式转化为直观的图形或模型，从而使其更容易理解和记忆这些概念和公式。直观想象的培养对学生的整体数学素养发展也具有重要影响，它不仅有助于提高学生的数学学习效率，还能激发学生对数学的兴趣，培养学生的创新意识和科学精神。在学习过程中，通过直观想象的训练，学生能够更加深入地理解数学概念和原理，更加灵活地应用数学知识解决问题，从而在数学学习中取得更好的成绩。

直观想象作为数学学科核心素养的一个重要方面，对学生的数学学习和个人发展具有深远的影响。对直观想象能力的培养，不仅能够更好地帮助学生理解和应用数学知识，还能使他们在日常生活和未来的学习、工作中运用直观想象的思维方式来解决各种问题。

1.4.5　数学运算

数学运算不仅是解决数学问题的基本手段，还是培养学生逻辑思维和科学精神的关键环节。数学运算涵盖了理解运算对象、掌握运算法则、探究运算思路、选择运算方法、设计运算程序、求得运算结果等多个方面。在高中数学课程中，数学运算能力的培养对于学生的数学学习和思维发展具有重要意义。

数学运算能力的培养要求学生能够明晰理解运算对象，这意味着学生需要掌握各种数学运算的基本概念和原理，如数的运算、代数表达式的运算、函数的运算等。理解这些运算对象的本质属性和运算规律是进行有效数学运算的前提。掌握运算法则对于进行正确的数学运算至关重要，学生需要了解和掌握各种数学运算的规则和法则,如加减乘除的基本法则、方程的解法、不等式的运算规则等。探究运算思路和选择运算方法是数学运算能力的核心部分。在解决数学问题时,学生需要能够根据问题的具体情况,灵活选择合适的运算方法和策略,这不仅涉及运算技巧的运用,更涉及对问题的深入理解和分析。例如,在解决一个复杂的代数问题时,学生可能需要运用代数分解、换元法、配方法等多种运算策略。

设计运算程序和求得运算结果则是数学运算能力的实践应用。学生需要根据所掌握的运算法则和思路,设计出解决数学问题的具体步骤和程序,并最终得到正确的运算结果。这一过程要求学生具备严谨细致的数学思维和一丝不苟的科学态度。通过高中数学课程的学习,学生的数学运算能力将得到进一步的发展,他们不仅能够有效地借助运算方法解决实际问题,还能通过运算促进数学思维的发展,形成规范化思考问题的品质。数学运算的学习和实践有助于学生养成严谨求实的科学精神和一丝不苟的工作态度。

数学运算作为数学学科核心素养的一个重要方面,对学生的数学学习和思维发展具有重要影响。它不仅是解决数学问题的基本手段,还是培养学生逻辑思维和科学精神的重要途径。对数学运算能力的培养,能够更好地帮助学生理解和应用数学知识,更能使他们在日常生活和未来的学习、工作中运用数学思维和方法来解决各种问题。

1.4.6 数据分析

在高中数学课程中,数据分析的学习和实践对学生的数学思维、科学探究能力,以及对现代社会的理解和适应都具有深远的影响。数据分析是指从实际问题中获取数据,并使用数学方法对数据进行整理、分析和推断,从而形成对研究对象的深入理解的过程。这个过程不仅包括数据的收集和整理,还涉及从数据中提取信息,构建模型,进行推断,并最终得出结论。

在大数据时代背景下,数据分析的重要性日益凸显,它已成为研究随机现象的重要数学技术,是大数据时代数学应用的主要方法之一。数据分析的应用已经深入科学研究、技术开发、工程设计以及现代社会生活的各个领域。在"互联网+"的时代大背景下，数据分析更是成为相关领域主要应用的数学方法，它在网络经济、社会管理、文化教育等方面发挥着越来越重要的作用。

数据分析能力的培养要求学生具备从数据中发现和提出问题的能力，同时能够有效地收集和整理数据，理解和处理数据，从而获得有价值的结论。在高中数学课程中，学生将学习如何收集数据，如何用统计学方法对数据进行整理和分析，如何使用数学模型进行推断，以及如何基于数据得出科学合理的结论。通过学习数据分析相关知识，学生能够逐渐提升自己获取信息、进行定量分析的意识和能力。数据分析的学习还有助于学生适应数字化学习的需要，增强他们基于数据描述现实问题的意识，进而形成通过数据分析认识事物的思维品质。在数据分析的学习过程中，学生能够学会如何使用数字和图表来描述和分析现实世界中的各种现象和问题。这不仅是一种数学技能的训练，更是一种科学的思维方式的培养。

数据分析作为数学学科核心素养的一个重要方面，对学生的数学学习和思维发展具有重要影响。它不仅是解决数学问题的基本手段，还是培养学生科学探究能力和现代社会适应能力的重要途径。掌握数据分析能力，学生能够更好地理解和应用数学知识，更能在日常生活和未来的学习、工作中运用数据思维和分析方法来解决各种问题。

第 2 章　基于核心素养的高中数学高效课堂建构的理论基础

2.1 高效课堂的相关定义

2.1.1 高效课堂的相关定义

2.1.1.1 高效的定义

"高效"这一概念在课堂教学中被视为衡量教学活动"质量"和"价值"实现程度的关键指标，它代表着教学过程中效果、效率和效益的最大化。教学效果主要关注实际教学活动的结果与预设教学目标之间的匹配程度。值得注意的是，教学目标并非固定不变，而是随着教育价值观的演进不断调整和演化的，反映了基础教育阶段的教学目标，而非永久不变的标准。

教学效率的计算常采用经济学的方法，通常表达为教学产出（效果）与教学投入的比值，或是有效教学时间与实际教学时间的比值。这种计算方式有助于量化教学活动的效能。教学效益则涉及教学活动所带来的收益和价值的全面实现。换言之，它是对预定教学目标与特定社会及个人教育需求匹配程度的综合评价。这里所说的教育需求不仅包括学生的需求，还包括教师、教育材料等多方面的课堂构成因素，因而其范围相对较广。

"高效"的实现意味着在教学效果、效率以及效益这三个方面都达到最优状态，它代表着课堂教学活动的理想境界。在这种状态下，教学活动不仅能达成预设的目标，还能以最少的资源投入实现最大的教学收益，同时满足社会和个体层面的教育需求，从而实现教学活动的整体价值。

2.1.1.2 高效课堂的定义

"高效课堂"概念旨在描述一种理想的课堂教学模式，教师通过恰当的指导和激励，促使学生在课堂上主动深入思考，从而在有限的时间内高效率、高质量地完成既定的教学任务，并最大限度地促进学生能力的提升。这种课堂教学模式的基本特点包括精心设计的教学流程、教师高效精练的授课方式、学生主动性的充分发挥、有效实施的分层教学策略、和谐融洽的师生关系，以及教学目标与预期成效的一致性。

在高效课堂中，学生是核心参与者，课堂教学模式由原来的以教师为中心转变为以学生为中心。这种教学变革要求教师将目标放在服务学生的成长上，认识到课堂上最宝贵的资源是学生本身，强调学生的学习和成长是教学的中心。高效课堂突出学生的主动性、生动性和创造性，旨在将新课程标准的三维目标转化为具体、可操作的教学目标，实现从知识传授到兴趣激发、能力提升，并最终达到智慧提升。这种课堂不仅追求知识技能、过程方法、情感态度（包括价值观）的三维目标，还致力达到更高层次的教育目标，即培养学生的智慧。

高效课堂将"自主、合作、探究"作为教学的重点，并在课堂教学环节上注重"预习、展示、反馈"的有效运用。在学习方式上，它鼓励学生转向"自学、互学、群学"的模式。高效课堂的核心在于提升学生的学习能力，视其为素质教育的关键要素。它强调，如果课堂教学仅停留在知识传授的层面，而忽视对学生学习能力的培养，那么这样的课堂将是低效甚至是为应试教育服务的体现。高效课堂倡导以提升学生学习能力为核心，强化学生的自主参与，使他们能够主动参与学习，直接与知识进行互动。这个过程是一种真正的学习体验，包含了失败、反馈和修正的经历。

2.1.2　高中数学高效课堂模式的内涵及具体阐述

2.1.2.1　高中数学高效课堂模式的内涵

在高中数学的高效课堂中，结合该学科的几个关键特点——内容和方法的抽象性、逻辑的严密性、知识体系的系统性以及运算的精准性进行教学是至关重要的。只有这样，学生才可以通过课前的预习深入理解课堂内容，并在课堂上主动解决自己的疑惑，进而在课后进一步巩固所学知识，将课内外学习完美融合，从而达到一个真正高效的学习状态。

高效课堂模式的设计应基于学生的需求、教学内容的特点及目标，遵循科学的教学理论，制定合适的教学流程并采用相应的教学策略与方法。这种模式将教学理论与具体的教学实践相结合，为教育工作者提供了一套有效的教学策略和方法。结合高效课堂的概念，这意味着每节数学课都应该根据数学的学科特点，设计出旨在实现高效学习的教学过程结构以及相应的教学方式和策略。

具体而言，一节 45 分钟的课程可以划分为三个主要环节，时间比例大致为 6∶1∶2。第一个环节约半小时，是课堂的核心部分。在这一环节中，教师应围绕学习目标组织教学，激发学生的学习热情，并引导学生在小组内充分展示互动，进行大规模讨论。教师需要设计合适的教学情景，以点燃学生的求知欲。学生是展示环节的主体，他们相互提问、小组讨论、分享结果，这是课堂上的关键环节。在这种课堂氛围中，每位学生都能平等地参与、自由地表达自己的想法，这种互动既富有竞争性又非常和谐。与此同时，教师应及时评价学生的表现，并适时进行指导。在互动环节中不仅有知识的展示，还有知识的提升。这一环节的内容主要是新知识的学习反馈，小组可以通过多种方式展示知识，如书面讲解、PPT 展示或辩论等，共享学习成果，当然其中也包括学生的评价、纠错和总结。在这短短的半小时内，学生的广泛参与和思维碰撞，加上教师的指导和鼓励，展现了课堂的和谐和高效。第二个环节大约 5 分钟，主要用于反馈和检查知识的掌握情况，以全面提升学生的知识、能力和情感水平。这一环节根据课堂内容灵活进行测试，确保学生对知识有更牢固的掌握。第三个环节约10分钟，用于查漏补缺。根据课堂进度和内容难易程度的不同，这一环节的时间安排较为灵活，可由教师和学生共同确定，以实现数学课堂的真正高效。

2.1.2.2 高中数学高效课堂模式的特点

对高中数学教学效率而言，其关键在于教师能够结合学生的成长和进步情况，遵循教育规律，实现教学过程的高效果、高效益和高效率。判断教学是否高效，不仅要考量教学目标设置的是否合理，还需要考量这些目标是如何实现的。教师的教学方法应符合教学原则，避免刻板、机械的教学方式和单纯的题海战术，因为这些做法不但不能提高教学质量，反而可能削弱学生的学习兴趣。这就需要教师在遵循教学规律的基础上，科学合理地运用各种教学方法和策略，以规范化的方式教育学生。

对高效教学进行评估不仅应评估教师的教学行为，还应评估学生的学习能力、教学的效果和结果，以及教学目标的实现程度是否满足社会和个人的教育需求。教师通过教学活动优化教学模式，可以创造轻松和谐的学习环境，促使学生主动学习。实施高效的高中数学教学，激发学生的积极性，强调学生在学习过程中的主体地位，这与教育家提倡的更新教学观念、优化教学模式以提高学生学习质量的观点相一致。

传统的教学模式过于强调教师的主导地位，采取机械式教学，使学生处于被动接受知识的状态，长此以往可能导致学生的学习热情降低，容易产生厌学情绪。传统教学重视理论知识的讲授，却忽视了学生对数学知识的实际运用，而高效的高中数学课堂教学策略打破了这一局面，通过科学合理的教学方法提升学生的学习兴趣，鼓励他们积极主动地学习。同时，教师结合理论与实践，通过数学实验提升学生的实践能力，加深其对数学知识的理解。

在教学中，高中数学教师应注重过程评估和目标管理。教学是有计划的活动，学生初次接触高中数学知识时对其了解有限，教师需要对他们进行合理引导。通过设定合理的学习目标，教师可以逐步引导学生进行学习，激发他们对数学知识的探索兴趣，让学生体验数学的魅力，促进学生数学素养的提升，全面实现数学教学的目标。

2.1.2.3 高中数学高效课堂模式的标准

在新课程改革理念的指导下，高中数学教学面临着更新的标准和要求。教师在课堂上需要全面提高学生的整体素质，并专注于培养他们运用数学知识的能力。这一新课程标准主要包含三个关键方面：一是专注于学生。为了提高课堂的有效性，教师应当关注学生的学习习惯和方式，结合他们的实际能力背景来选择教学内容，确保教学以学生为中心。同时，重视培养学生的自主学习能力，创造一个轻松的学习环境，通过合作学习方式激发他们的探索热情，并鼓励学生积极参与、自我表达和交流。此外，教师应激发学生的主动思考能力，培养他们的创新思维。二是关注发展。这包括注重学生在数学知识、技能和创造力方面的发展，以及学习方法和情感态度的成长。同时，关注教师自身的专业发展、职业道德、教学水平和心理健康。此外，教师还需要关注数学教学的规律，了解这些规律是如何影响学生对知识的理解和学习效率的，然后遵循这些规律，设计符合学生发展的教学模式，帮助学生深入掌握数学的学习规律，从而提高他们的学习效率。三是关注课堂管理。在高中数学教学中，教师应引导学生主动学习，唤起他们的好奇心，帮助学生建立学习信心。教师还应利用教学的艺术性，促进师生间的心灵碰撞，加深师生关系，并以此提高教学效果。

2.2 基于核心素养的数学高效课堂建构原则

2.2.1 科学性原则

数学作为一门科学学科，其本质涉及对量、演算、论证和模式的研究。

这一特性指引着数学的学习和教学过程，要求一切教学活动都必须建立在科学的基础之上。这不仅是选择教学模式的基本原则，也是保证教学有效性的关键。在构建高效的课堂教学模式时，理论基础、教学流程、课堂使用的学案等所有组成部分都必须是可靠且科学的。

高效的课堂教学模式应遵循学生的认知规律，引导他们逐步掌握数学的基本概念、原理和方法。这要求教师在教学设计时明确教学目标、准确传递教学内容，并突出教学的重点和难点，同时确保教学设计与学生的认知水平和能力相匹配。教师掌握高效课堂建构的科学性原则不仅有助于树立正确的数学观念和教育观，还可以将这种价值观念传递给学生。因此，教师在应用高效课堂教学模式时，无论是在教学程序的实施还是在教学内容的选择上，都必须确保其科学性。

在高效课堂教学中，教师应结合最新的教育理论和方法，不断创新教学手段和策略，利用信息技术手段，如数字化教具和在线资源，生动地展示数学概念，增强学生的学习体验。同时，教师应鼓励学生通过参与互动式学习，如小组讨论、问题解决任务等，增强他们的主动学习意识和批判性思维能力。教师在高效课堂教学中应注重学生的个体差异，采用个性化的教学策略。这意味着教师需要了解每位学生的学习风格、兴趣和能力水平，从而为其提供适合的学习材料和活动。此外，教师应鼓励学生参与课外数学活动，如数学竞赛和项目研究，以拓宽他们的数学视野，提高数学知识实际应用能力。教师还应注重培养学生的解决问题能力。这不仅包括教授数学知识和技能，还包括教授学生如何将这些知识应用于解决实际问题。例如，通过案例研究和实际应用任务，学生可以学会如何将数学理论应用于现实世界的方法，从而提高他们的解决问题能力。

总之，高效课堂教学模式的实施应基于科学性原则，结合先进的教育理论和方法，注重学生的个体差异和实际能力。通过这一原则，教师不仅能有效传递数学知识，还能激发学生的学习兴趣，培养他们的批判性思维和解决问题的能力，从而实现真正的高效教学。

2.2.2 创新性原则

创新在当代教育中已成为一个关键词，尤其是在高效课堂教学模式的应用中。[①] 而高效课堂教学模式旨在提高课堂效率，摆脱传统以教师讲授为主的灌输式教学模式，转向以教师为主导、以学生为主体的互动教学模式。这不仅要求教师在教学方法、模式和活动上进行创新，还要求培养学生的创新意识。作为数学教育的重要组成部分，创新意识的培养应在日常数学教学中突出体现。数学创新意识源于对数学知识和方法的深入理解，是在特定数学环境中产生的灵感。

为了有效激发学生的创新意识，教师在教学过程中应实施以下几个策略。一是激发学生的问题意识。教师应提供有助于思维发展的问题情境，鼓励学生进行深入思考和提出问题。同时，教师需要有效引导学生积极主动地解决这些问题，从而培养他们的问题解决能力。二是重视学生的合理推理。在教学中，教师应启发学生思考知识的来源和逻辑，引导他们观察材料并运用类比、分析、归纳、概括和猜想来探索规律，进而进行合理的验证。三是培养学生的思维模式。在教学过程中，教师应给予学生足够的思考空间，让他们自由地讨论数学知识和方法，表达自己的观点，得出结论。布置的任务应难易适度，符合学生的能力水平，使学生在不断尝试和成功中体验到成就感，最终形成独特的思维模式。

在学生创新意识的培养过程中，教师的角色是多样的，他们不仅是知识的传递者，更是引导者和激励者。教师应采用各种教学策略，如项目式学习、探究式教学、案例研究等激发学生的创新思维。这些方法可以帮助学生将理论知识应用于实践，提高他们分析和解决问题的能力。此外，教师应鼓励学生参与课外活动和竞赛，以进一步提升他们的创新能力、增加他们的实践经验。有了这些措施，学生不仅能够掌握数学的基本知识和技能，还能培

[①] 田钰. 新课程背景下高中数学高效课堂的建构研究 [J]. 数学学习与研究，2023（25）：17-19.

养他们的创新能力和独立思考能力。这对于他们未来的学习和职业生涯至关重要，不仅能够提高他们解决实际问题的能力，还能帮助他们适应快速变化的现代社会。总之，创新能力的培养是高效课堂教学的核心目标之一，采用有效的教学策略和方法，可以培养出具有创新精神和能力的学生，为他们的未来发展打下坚实的基础。

2.2.3 趣味性原则

高中数学是一门具有高度逻辑性和深度抽象性的学科，对于许多学生而言既是挑战也是机遇。在我国，课堂是学生获取知识的主要空间，教师的责任便是使用各种方式提高课堂教学的趣味性，激发学生的兴趣，使他们爱上数学。要实现这一目标，教师在教学过程中需要注意以下几个方面。

第一，创造温馨和谐的课堂环境至关重要。只有轻松、和谐、温馨且平等的学习环境，才能激发学生学习的兴趣，促进他们思维的发展。这种环境的营造可以采用鼓励学生参与、尊重每位学生的意见和提供积极反馈等方式。

第二，教师的教学风格是影响学生学习兴趣的一个重要因素。诙谐幽默、平易近人的教师能够有效地驱散数学课堂的沉闷和乏味，激发学生的学习动力。幽默感不仅能够开拓学生的思维，活跃课堂气氛，还能帮助学生在轻松愉快的环境中更好地理解和吸收数学知识。

第三，教师应采用多样化的教学方法来提高数学课堂的吸引力。例如，应用生活中的实际问题来讲解数学概念，可以使学生更容易理解抽象的数学知识，并感受到数学与现实生活的紧密联系。在小组合作和项目式学习中，学生可以通过实践学习数学，同时培养团队协作能力。

第四，教师可以利用现代教学技术和多媒体工具来增强课堂的互动性和趣味性。例如，使用数学软件进行动态演示，或使用互联网资源展现数学在各领域的应用，这些都能帮助学生以新颖的方式理解数学概念，增强他们对数学的兴趣。

第五，教师需要关注学生的个体差异，提供个性化的学习指导。了解每位学生的学习特点和能力，教师便可以为其提供更适合的学习资源和策略，从而帮助他们更有效地学习数学。

第六，有效的评估和反馈机制是提高课堂效率的关键。有了定期的评估和反馈，教师可以及时了解学生的学习进度和存在的问题，进而调整教学方法和内容，确保学生能够在课堂上获得最好的学习效果。

总的来说，创造和谐的学习环境、运用幽默感、采用多样化的教学方法、利用现代教学技术工具、关注个体差异和实施有效的评估机制，教师可以显著提升数学课堂的趣味性和效率，激发学生对数学的热情，促进他们在数学领域的成长和发展。

2.2.4 情感性原则

情感是人类对外界事物的内心体验和主观需要满足程度的一种反映，它在教育过程中扮演着至关重要的角色。传统的教学模式往往过分强调知识的传授，而忽视了学生情感体验的重要性。然而，随着新课程改革的实施，教育界开始逐渐认识到，除知识技能的培养外，学生情感态度和价值观的培养同样重要。在这种新的教育理念的指导下，每节课的学习目标不仅包括知识和技能的掌握，还包括情感态度与价值观的培育。

为了在教学过程中更好地实现这一目标，教师需要在以下几个方面做出努力。首先，教师应重视在学习过程中引导学生进行积极的情感体验。这意味着教师需要设计更多富有创造性和启发性的教学活动，不应局限于数学知识的学习，还应包括各种数学之外的活动，如数学游戏、数学故事、数学探究等，以激发学生的学习兴趣和情感参与。其次，教师应注重培养学生在数学学习中的探索精神和推理能力。在教学中，教师应鼓励学生提出假设、解决问题和参与讨论，以此培养学生积极探索的科学态度和观念，丰富他们的数学学习情感体验。在这个过程中，学生不仅学习了数学知识，还学会如何去思考、如何去探索未知世界。最后，教师应培养学生独立思考的能力，并促进师生间、生生间的合作学习。通过开展小组讨论、合作解题等活动，学生可以体验到自学、合作学习和群体学习带来的不同体验。这种多元化的学习方式不仅有助于提高学生的学习效率，还能增强他们的团队协作能力和社交技巧。

除了这些之外，教师还应使用各种教学手段培养学生的情感智力。例如，采用数学情境中的角色扮演、情感日记等方式，让学生在数学学习中体验不同的情感变化，从而增强他们对数学的感情投入和价值认同。教师在教学过程中应致力于创造一个富有情感体验的学习环境，用各种教学方法和活动，引导学生在数学学习中培养积极的情感态度、探索精神和合作能力。这样，学生不仅能够更好地掌握数学知识，还能在情感和价值观上得到全面的发展，从而更加全面、深入地理解和欣赏数学这门学科。

2.2.5 参与性原则

在当今的教育体系中，课堂教学模式正逐渐从以教师为中心转变为以学生为主体，以教师为主导的模式。这种转变的核心在于充分激发学生的积极性，让学生全身心地投入课堂学习中。以学生为主体、以教师为主导的教学模式的实施，对于实现高效课堂的目标至关重要。学生的主动参与不仅能够激发他们对学习的兴趣，还能显著提高他们的学习效率，并帮助他们养成一种积极向上、自信的生活态度。

要促进学生在课堂上的主动参与，教师需要采取多种教学策略和方法。教师应设计富有吸引力和挑战性的课堂活动，且这些活动应与学生的兴趣和生活经验紧密相关，以增强学生的参与度。例如，引入与学生日常生活相关的实际问题，让学生在解决这些问题的过程中学习和应用知识。教师应鼓励学生表达自己的观点和想法，并在课堂上创造一个开放和包容的环境，让每一位学生都有机会参与讨论和活动。这种开放性的课堂氛围有助于学生建立自信，并可鼓励他们在学习中采取主动的方式。教师还可以运用小组合作学习的方式，促进学生之间的互动和合作。在小组合作中，学生可以共同探索问题、分享想法并相互学习，这不仅增加了课堂的互动性，也有助于培养学生的团队合作能力和社交技巧。教师还应运用多样化的教学手段和技术，如多媒体教学、互动式白板等，增加课堂的趣味性和互动性。这种多元化的教学方式能够满足不同学生的学习需求，激发他们的学习兴趣。

除上述策略之外，教师还应关注学生的情感和心理需求，采用及时赞扬、鼓励和适时的反馈等方式来增强学生的学习动力。这种积极的情感支持不仅能增强学生的自尊和自信，还能促进他们的情感发展。学生的积极参与不仅能提高他们的学习效率，还有助于他们养成积极的生活态度和自信心，为他们未来的学习和生活打下坚实的基础。

2.2.6 教育性原则

教师不仅要传授知识，更重要的是要培养人才，塑造学生的品格和价值观。这是教育的核心使命，也是教师职责的关键所在。高效课堂教学模式的实施，并不仅是为了追求课堂的外在形式，如华丽新奇的教学手段，而是着眼于创造一种温馨和谐的学习环境，让学生在这种环境中能够自我发现，认识到自己的优势，找到自己的定位，并在每节课中实现自我价值。

在高效课堂中，教师的角色转变为引导者和促进者，他们设计互动与合作的学习活动，使学生能够在参与中学习知识、发现问题，并在探索中寻求解决方案。这种教学模式鼓励学生积极参与课堂活动，提高了他们的学习兴趣和动力。高效课堂强调师生间的互相尊重、学生间的相互帮助，这不仅有利于建立一个正向的学习氛围，还有助于培养学生的团队合作能力和社交技能。在这样的环境中，学生能够感受到班级就像一个大家庭，每个人都是这个家庭中重要的一员，每个人都能在合作中实现个人的成长和价值。

教师在高效课堂中的另一个重要职责是培养学生的创造力和批判性思维能力。在教学中，教师可以引入基于问题的学习方法和项目式学习，鼓励学生去探索新的知识领域，解决实际问题，这不仅提高了他们的分析和解决问题的能力，还激发了他们的创新精神。高效课堂还注重培养学生的情感智力和道德观念。教师在课堂上分享道德故事、讨论现实生活中的道德困境，进而引导学生思考和讨论，帮助他们形成正确的价值观和道德判断。这样的教学不仅限于课堂内部，还可扩展到课堂之外，如开展社区服务、志愿活动等。

高效课堂教学模式的目标不仅包括提高学生的学业成绩，还包括将他们培养成为充满自信、积极向上的人才。创造一个温馨和谐的学习环境，鼓励学生们互动参与，培养他们的合作精神、创新能力和道德观念，教师可以有效地帮助学生实现个人的全面发展。在这样的课堂中，每个学生都能得到充分的尊重和鼓励，能够在学习中找到乐趣，实现自我价值，进而成长为社会需要的优秀人才。

2.3 基于核心素养的数学高效课堂建构的历史发展

2.3.1 核心素养的历史发展

核心素养这一概念最早源于20世纪末的教育改革，当时的教育工作者开始关注除知识掌握之外的能力培养。在数学教育领域，这种关注逐渐转化为对学生数学能力的全面发展的关注。早期的数学教育侧重知识和技能的传授，如公式的记忆、运算的训练等，但逐渐地，教育者们开始意识到，仅仅掌握数学知识并不能完全满足学生在现实生活和未来职业中处理问题时的需求。因此，数学教育开始从注重知识的传授转向注重能力的培养，特别是在解决问题、逻辑推理、创造性思维等方面的能力的培养上。

随着对数学教育目标的深入理解，数学核心素养逐渐形成了明确的框架。在这个框架中不仅包括对数学基础知识的掌握，还包括运用这些知识解决实际问题的能力，如数学建模能力、数据分析能力、空间几何想象能力等。此外，数学核心素养还强调了情感态度和价值观的培养，如对数学学科的兴趣、持之以恒的学习态度、合作与交流的能力等。

2.3.2 高效课堂理念的提出与演进

在核心素养的引导下，数学教育的课堂教学也开始发生变化。传统的以教师为中心的授课方式逐渐被以学生为中心的互动式教学所取代。这种教学方式更加注重学生的主动参与，鼓励学生用探究、讨论与合作的方式来学习数学，使学生在真实的学习环境中发展其数学核心素养。这一变化标志着高效课堂理念的提出，即在有限的课堂时间内，使用有效的教学设计和教学方法，最大限度地提高学生学习的效率和效果。

随着高效课堂理念的提出，数学教育的实践也开始发生深刻变革。传统的教学方法，如单一的讲授法和机械的练习，开始被更具互动性和探究性的教学方法所替代。在这种新的教学模式下，教师不再是知识的单向传授者，而是学习的引导者和促进者，学生则从被动的知识接受者转变为积极的知识探索者。

探究式学习在高效课堂中占据了重要位置。在探究式学习中，学生被鼓励去提出问题、探索问题和解决问题。这种方式让学生不但能够深入理解数学概念，而且能够在实际问题解决中应用所学知识，从而培养其问题解决能力和创新思维。例如，教师可以用实际生活中的数学问题激发学生的探究兴趣，使学生在解决这些问题的过程中深入理解数学知识和原理。随着现代信息技术的发展，数字工具和网络资源开始被广泛应用于数学教学中。这些技术不但丰富了教学手段，而且为学生提供了更加多样化的学习资源。例如，使用计算机和互联网，学生可以接触到更多的数学模型、模拟实验和互动式学习材料，从而在互动和探究中提高学习效率。此外，信息技术的应用还有助于教师对学生的学习过程进行跟踪和评估，使得教学更加个性化和精准。

在基于核心素养的高效课堂中，教师开始更加重视学生的个性化学习，认识到每位学生的学习需求和能力差异，努力为学生提供个性化的学习路径和资源。通过这种方式，学生可以根据自己的兴趣和能力进行学习，从而更有效地发展其数学核心素养。例如，对于基础较弱的学生，教师可以为其提供更多的基础知识讲解和练习；对于学有余力的学生，则可以为其提供更多的富有挑战性问题和探究活动。高效课堂还倡导综合性的课程设计。在这种设计中，数学不再是孤立的学科，而是与其他学科如科学、工程、艺术等相结合的。通过开展跨学科的项目和活动，学生可以在更广阔的视角下理解数学的应用和价值，从而更全面地发展其核心素养。将数学与科学或工程项目的结合起来，学生可以在解决实际问题中应用数学知识，理解数学与现实世界的联系。

2.3.3 核心素养与高效课堂的关系

在高效课堂的实施过程中，需要特别重视学生核心素养的发展。核心素养不仅指学科知识的掌握，更强调能力的培养、情感的调节和价值观的形成。高效课堂的多样化的教学方法，如探究式学习、问题解决等，能够促进学生的批判性思维、创造性思考和合作交流能力的养成。

高效课堂在课程内容与教学方法上不断创新，力求在确保知识传授的同时，激发学生的学习兴趣和参与热情。例如，运用情景模拟、角色扮演等方式，将抽象的数学概念具体化，使学生在亲身体验中理解和掌握数学知识。同时，教师更多地运用现代信息技术手段，如智能教育软件、在线互动平台等，提高教学的互动性和趣味性。在高效课堂中，教学评估方式也发生了变化，不再单纯依赖传统的笔试和试卷分析，而是采用更加多元化的评估方式，如学生的自我评价、同伴评价、项目评价等。这些评价方式不仅能够更加全面地反映学生的学习情况，还能促进学生自主学习和反思能力的发展。

在高效课堂的背景下，教师角色发生了显著转变，教师不再是传统意义上的知识传递者，而是成了学生学习的引导者、合作者和支持者。教师需要根据学生的具体情况设计教学活动，引导学生主动探索和学习，同时为其提供必要的支持和帮助。这要求教师具备更强的教育教学能力和更广泛的知识视野。高效课堂的实践还促进了教学资源的共享与合作。在这种模式下，教师、学校甚至不同地区之间的教育资源都可以通过网络平台进行共享，这不仅为学生提供了更丰富多样的学习材料，还为教师之间的交流合作提供了便利。

2.3.4 适应未来教育需求的高效课堂模式

在当前的高中数学教育环境中，题海战术仍然存在，其通常是教师为学生备战高考而采取的。这种教学策略要求学生完成大量的练习题，目的是增强他们的应试技能。然而，这种方法由于没有精挑细选习题，导致教师不可避免地为学生提供了一些有固定解题模式的题目。学生在掌握了这些固定解法后，便容易形成依赖解题模板的习惯，从而在无形中制约了他们核心素养的发展。

还有一些教师由于缺乏对现代教学方法的认识，仍然沉浸在传统的教学模式中，没有形成对高效课堂建设的清晰认识。这些教师未能充分意识到在教学过程中培养学生核心素养的重要性，仍然沿用传统的教学手段单一地向学生传授数学知识和方法。而这种单调的教学方式不仅缺乏创新，也未能提供足够的实践机会给学生，无法全面激发他们的思维潜能，进而导致有的学生在数学思考和应用方面存在局限。缺乏深入的数学探究和情感体验，这不仅影响了高中数学核心素养教学目标的实现，也降低了课堂教学的整体效果。

随着社会发展和教育需求的不断变化，高效课堂模式逐渐适应了新的挑战。当前的教育趋势强调培养学生的综合素质，特别是创新能力和实践能力。高效课堂包含多样的教学策略和活动设计，如案例分析、实际问题解决等，为学生提供了丰富的学习机会，帮助他们培养解决实际问题的能力。此外，高效课堂强调跨学科学习，鼓励学生将数学知识与其他学科知识相结合，增强了他们的综合应用能力。

高效课堂的建构还强调促进学生的全面发展。这种教学模式不仅关注学生的学习成效，更重视学生的个性发展、情感态度和社会责任感。教师采用多元化的教学方法，如小组合作、角色扮演等，培养学生的社交技能、团队协作能力和领导力。同时，高效课堂还通过实际问题的探究，培养学生的社会责任感和公民意识。

在高效课堂的发展过程中，教学资源与技术的融合起到了关键作用。利用现代教育技术，如互动白板、在线学习平台等，教师能够创造更加生动、互动的学习环境，提高学生的学习兴趣和参与度。同时，这些现代技术手段使得教学资源更加丰富，学生可以随时随地访问各种学习材料，拓宽了学习视野。在高效课堂建构中，教育评价方法也发生了变化，不再单纯依赖传统的考试和测验，而是采用更加全面和多元的评价方式，如项目评估、学习过程记录、自我反思等。这些评价方法不但更加全面地反映了学生的学习情况，而且促进了学生自我管理和终身学习能力的提升。高效课堂的实施为当前的教育改革做出了重要贡献，通过创新的教学模式和方法，高效课堂提高了教学的有效性和效率，使得学生能够在一个更加积极、互动和个性化的学习环境中成长。同时，高效课堂也为教师的专业发展提供了新的机遇，鼓励他们探索更多创新的教学方法，提升了教育质量。

2.4 基于核心素养的数学高效课堂与传统课堂的区别

高效课堂的教学模式和传统课堂的教学模式不论是在教育理念上还是在教育方法上，都有着很大的不同。高效课堂教学模式会更加注重学生在课堂上的主体作用，故而可以更好地培养学生的学习兴趣和实践能力。近年来，新课改一直在不断推进，高效课堂教学模式也正在慢慢取代传统课堂教学模式，成为推动课堂教学效率和教学质量不断提升的更优的教学模式。

2.4.1 教学理念的区别

高效课堂与传统课堂在教育理念上的不同之处见表2-1。

表 2-1　高效课堂与传统课堂在教育理念上的不同之处

课堂模式	教育理念	注重点
高效课堂	以学生为中心	旨在建立和谐、有序、稳定、灵活的"学习共同体"
传统课堂	以教师为中心	注重教师的教学作用并锻炼学生的记忆、背诵、做题能力

2.4.1.1　高效课堂教学模式的教学理念

高效课堂教学模式的核心理念是"以学生为中心",重塑了传统教学的结构和流程,将学生的学习体验和发展置于首位。这种教学模式旨在降低教师的直接教学干预程度,更多地发挥学生在学习过程中的主动作用,以期建立一个和谐、有序、稳定且灵活的"学习共同体"。这个"学习共同体"不仅是一个基于知识建构和意义协商的学习平台,也是一个充分发挥群体智慧的现代化"学习社区",在"学习社区"中,教师和学生各自扮演重要角色,相互协作,共同推进学习过程。

在这样的"学习社区"中,教师教学活动的展开方式是有条不紊的,遵循"教为先,学为中,做为后"的原则,从而确保教学活动既有明确的指导,又充分尊重学生的主体地位。教师在这个过程中扮演着指导者和启发者的角色,他们设计具有互动性和探索性的教学活动,引导学生主动探究知识,激发学生的学习兴趣。教师的这种引导方式有助于创造一个轻松、快乐而高效的学习环境,使学生能够在愉快的氛围中掌握知识。

在高效课堂教学模式下,学生的参与和合作被重点强调。学生被鼓励积极参与课堂讨论,与同学合作解决问题,共同完成项目,这不仅有利于培养他们的团队协作能力和沟通技巧,还有助于促进他们对知识的深入理解和应用。开展小组合作学习和基于项目的活动,学生可以与同伴共同探讨,相互学习,进而更好地理解和掌握知识。高效课堂教学模式还强调学生的个性化学习，教师应根据学生的不同学习风格和能力，提供差异化的教学资源和策略。这种个性化的教学方法有助于满足每个学生的学习需求，激发他们的最大潜能。

在高效课堂教学模式下，学习的评估和反馈机制也至关重要。通过持续的评估和及时的反馈，教师能够更好地了解学生的学习进展和遇到的挑战，并相应地调整教学策略，以确保学生能够有效地学习和成长。高效课堂教学模式是一个综合性的教学理念，它不仅重视知识的传授，更强调学生的主动参与和个性化发展。建立"学习社区"，鼓励学生积极参与，促进合作学习，尊重学生的个性差异，这种模式能够促进学生在愉快、轻松的环境中高效地学习，从而培养出既有知识技能，又有良好品格和积极生活态度的人才。

2.4.1.2 传统课堂教学模式的教学理念

传统课堂教学模式，长期以来将"以教师为中心"作为其核心教学理念。在这种教学模式下，教师是课堂的主导者和知识的传递者，而学生则主要扮演被动接受者的角色。该模式强调教师的教学作用，并专注于培养学生的记忆、背诵和做题能力，旨在使学生能够在较短的时间内学习并掌握大量的课本知识。

在应试教育的大环境下，传统的"以教师为中心"的教学模式确实展现了一定的有效性。它经过重复练习和记忆强调知识的灌输，使学生能够快速掌握教材内容，为考试做好充分的准备。在这种模式下，教师通常采用以讲授法为主的教学手段，学生则通过听课、记笔记、完成作业和参加考试等方式来学习知识。这种教学方式简单直接，便于教师控制课程进度和教学内容。

从长远来看，"以教师为中心"的教学理念存在诸多局限性。首先，这种模式忽视了学生的主动参与和实际操作，使学生在学习过程中失去了探索和实践的机会。学生在这种教学模式中可能变得更加被动，依赖教师的指导，缺乏独立思考和解决问题的能力。其次，传统的教学模式只注重知识的表面记忆，而不注重深层次的理解和应用。这可能导致学生对学习内容的理解仅停留在较浅的层次，而缺乏深入分析和批判性思考的能力。此外，传统模式下的学习往往缺乏内在的能动性和兴趣，学生可能只是因为应试的压力而学习，而不是出于对知识的真正兴趣和探索欲望。最后，传统教学模式在培养学生的创新能力和适应未来社会的能力方面存在明显的不足。在快速发展的现代社会，创新和终身学习的能力至关重要。然而，过于依赖记忆和重复练习的教学方式很难培养出这些能力。传统教学模式培养的学生可能在应对标准化考试方面表现出色，但在面对复杂的现实问题和挑战时可能会显得无所适从。

虽然传统的"以教师为中心"的教学模式在某些方面显示出效率，但是从培养学生的全面能力和适应未来社会需求的角度来看，它存在着明显的局限。因此，教育界正在逐渐寻求更加平衡和全面的教学方法，以期既能够确保学生掌握必要的知识技能，又能促进他们的全面发展。

2.4.2 教学方法的区别

高效课堂与传统课堂在教学方法上的不同之处见表 2-2。

表 2-2 高效课堂与传统课堂在教学方法上的不同之处

课堂模式	教学方法	特点
高效课堂	兴趣教学法与合作教学法	兴趣教学法能够激发学生主动进行知识建构的欲望，对夯实学生的基础知识具有非常明显的作用。教学过程、内容只有带有较强的趣味性，才能调动学生的学习情绪，使之以较大的学习兴趣主动进行知识建构。因此，在教学伊始，教师就应采用兴趣教学法激发学生的学习兴趣，为其下一步的知识建构打下坚实的基础 合作教学法的主要目的是实现"协作学习"和"师生会话"。简单来说，就是将集体智慧和个体努力有机结合在一起，借助教师和同伴的力量推动某个个体进行知识建构。因此，在合作学习的过程中，学生很容易从中积累知识，并在他人帮助下提升知识应用能力

续表

传统课堂	"填鸭式"教学方法与单向授受、死记硬背的教学方法	"填鸭式"教学方法，顾名思义，就是通过"硬塞"的方式强行给学生灌输大量的硬知识，并通过大量的读、背、做等训练方法让其在很短的时间内掌握这些知识。此外，"填鸭式"还意味着学生的学习始终处于被动地位，只能在教师的安排下开展学习活动，学习空间不大，自主程度不高。 单向授受意味着教师必须把所有的难点、问题都解决之后，才能教给学生，而学生只管读、背、做即可，其问题意识、释疑能力均得不到强化；死记硬背即意味着学生在没有教师辅助记忆的基础上通过重复记忆记住知识，而强行记住的知识往往在很短时间内就会被遗忘

2.4.2.1 高效课堂教学模式的教学方法

高效课堂教学模式注重激发学生的积极参与和自主学习能力，其常用的教学方法包括兴趣教学法和合作教学法。

兴趣教学法的核心在于激发学生对学习的兴趣和热情。众所周知，兴趣是最好的老师，当学生对某个学科或者话题感兴趣时，他们会愿意主动探索和学习。因此，教师在教学过程中应努力使教学内容生动有趣，以吸引学生的注意力和兴趣。这可以通过将学习内容与学生的日常生活相结合、使用多媒体工具或设置实际操作项目等方式实现。例如，在数学课堂上，教师可以用解决实际问题来引入新的数学概念，或者在语文课上以讲故事的方式来引发学生对文学的兴趣。兴趣教学法不仅能够提高学生的学习兴趣，还能帮助学生更好地理解和掌握知识。

合作教学法则侧重以小组合作和师生互动来促进学生的学习。这种教学方法鼓励学生在小组内与他人合作，共同完成任务或解决问题，如此一来不仅能够提高学生的社交技能和团队合作能力，还能促进学生之间的知识共享和相互学习。在小组合作过程中，学生可以从同伴那里学习新的思路和策略，也能在教师的引导下更好地理解和应用知识。此外，合作学习还能帮助学生学会倾听、沟通和尊重他人的意见，这些技能在未来的学习和工作中都是非常重要的。

除上述两种常用的教学方法外，高效课堂教学模式还可以采用其他的教学策略，如探究式学习、项目式学习、问题解决法等。探究式学习鼓励学生通过提问和探索获取知识，激发他们的好奇心和探究欲望；项目式学习则让学生参与实际项目的设计和实施，以提高他们的实际操作能力和解决问题的能力；问题解决法则通过提出具体的问题，引导学生分析和探索解决问题的方案，从而提高他们的思维能力和应用知识的能力。高效课堂教学模式采用各种教学方法和策略，旨在激发学生的学习兴趣，促进学生的主动参与和自主学习，提高他们的合作能力和创新能力。这种教学模式不仅能够让学生更有效地掌握知识，还能够培养他们必要的社交技能和终身学习的能力，为他们未来的学习和发展打下坚实的基础。

2.4.2.2 传统课堂教学模式的教学方法

传统课堂教学模式，长久以来，一直被其惯用的教学方法所定义，其中，"填鸭式"教学方法和单向授受、死记硬背的教学方法是最为典型的。

"填鸭式"教学法，这个术语源于对教育过程的一种直观比喻，即把知识"填充"到学生的头脑中，就像饲养员强行喂养鸭子一样。在这种教学模式下，教师的角色是信息的单向传递者，而学生则是知识的被动接收者。这种方法强调对学生进行大量的读、背、做训练，旨在使学生在很短时间内掌握大量的知识。然而，此方法忽视了学生对知识的理解和内化过程，将学习简化为机械记忆过程。因此，学生的学习始终处于被动的地位，他们的主动性和创造性被大大抑制，学习空间狭窄，自主程度低。

单向授受、死记硬背的教学方法同样是传统教学模式中常见的做法。在这种教学方法中，教师扮演着知识的唯一传递者的角色，而学生则是被动的接受者，教师必须先解决所有的难点和问题，然后把解决方案传授给学生，学生的任务是用读书、背诵和做习题等方式来掌握这些知识。这种教学方法导致学生缺乏问题意识和解疑能力，他们的学习变成了一种单向接受过程。死记硬背意味着学生在没有深入理解的情况下通过重复记忆记住知识，这种机械记忆往往很难持久，学生很快就会忘记所学的内容。

以上这些传统的教学方法虽然在某些情况下可能有效，特别是在应试教育环境中的效果尤为明显，但是它们存在不少缺陷。第一，这些教学方法忽视了学生的主动参与和创造性思维的培养。学生在学习过程中缺乏主动探索和实践的机会，这会影响他们未来解决实际问题的能力。第二，这些教学方法强调记忆而非理解，这导致学生对学习内容的理解仅停留在表面，而缺乏深层次的思考和批判性思维的训练。第三，这些教学方法也忽视了学生个性的差异和学习需求，没有为学生提供个性化和差异化的学习体验。

目前，教育界逐渐开始探索更加有效的教学模式，这些新的模式强调对学生的主动参与、合作学习、问题解决和批判性思维能力进行培养。教育工作者希望能够用这些新的教学方法，培养出更加独立、创新和适应未来社会需求的人才。

第3章 核心素养视角下的高中数学高效课堂建构实践

3.1 核心素养视角下结合生活实践建构数学高效课堂

3.1.1 用生活中的素材还原教学情境

在构建基于核心素养的高中数学高效课堂时，精选生活素材以还原数学情境是一种重要策略。[1] 这种方法不仅能使数学知识融入日常生活，还能促使学生在真实世界中应用和理解数学概念。这种实践对于高中数学教学中的一个关键要素——数学抽象至关重要。数学抽象是高中学生在学习过程中必须形成的核心素养之一，是他们理解数学概念并将其应用于不同情境的基础。

高中数学抽象不仅包括对数学理论的理解，还包括将这些理论应用于解决实际问题的能力。因此，教师应当在数学教学中融入生活中的实例和情境，使学生能够在熟悉的环境中理解数学概念。例如，在教授统计和概率时，可以使用学生熟悉的社交媒体数据；在几何教学中，可以参考建筑物的设计；在讲解代数时，可以用购物中的折扣和预算规划等日常生活场景来解释。

使用以上的方法，教师能够创造一个互动丰富、与学生生活紧密相关的学习环境，学生不再是被动地接收信息，而是通过观察、分析和解释日常生活中的数学问题来主动学习。例如，学生可以通过调查家庭电费的变化来理

---

[1] 陈晓霞.核心素养视角下高中数学高效课堂的建构及教学方法研究[J].学周刊，2023（3）：58-60.

解函数的概念，或者通过分析不同品牌手机的性价比来学习数据分析。这样的学习过程不仅增强了学生对数学概念的理解，还培养了他们的批判性思维和解决问题的能力。教师可以在课前布置观察任务，要求学生在生活中寻找与即将学习的数学概念相关的现象，然后在课堂上分享他们的发现。这种方法不仅能够激发学生的好奇心，还有助于他们在课堂上更加积极地参与学习过程。例如，在教授线性方程时，学生可以被要求观察和记录家庭用水量与费用之间的关系，然后在课堂上讨论他们的发现。采用这种方法，学生不仅能更好地理解数学概念，还能够看到数学在现实生活中的应用。这种精选生活素材还原数学情境的方法，不仅可以提高学生对数学的兴趣，还可以力提升他们的数学抽象能，从而有效地提升教学效果。用生活素材还原教学情境的教学策略强调学生在学习过程中的主动参与，鼓励他们将学到的数学知识应用于日常生活，从而达到提升数学核心素养的目的。

3.1.2 理论结合实践

在核心素养视角下的高中数学教育中，将理论与实践相结合，创建数学模型的过程对学生的核心素养发展至关重要。这种教学方法不仅传授理论知识，更能让学生在真实的或模拟的情境中应用所学知识，解决实际问题。通过综合性数学课堂实践活动，学生可以更深入地理解数学概念，同时提高他们的实际应用能力，特别是在数学建模方面。例如，在湘教版高中数学必修一的"函数模型及其应用"单元，教师可以引入一个与学生生活密切相关的问题——"急刹车的停车距离"。在这个实践活动中，学生首先被引导了解影响急刹车停车距离的各种因素，如车速、制动系统的效率、路面状况等。接着，学生需要用自己的语言来描述这些因素与停车距离之间的关系，并提出相关的数学模型假设。在这一过程中，学生不仅要学会如何将实际问题转化为数学问题，还要学会如何使用数学工具来解决这些问题。

在构建数学模型的过程中，学生需要确定模型的参数，进行必要的数学计算，并对结果进行检验。例如，他们可能需要使用线性或非线性函数来描述车速与停车距离之间的关系。在这个过程中，学生不仅能够加深对函数概念的理解，还能够实际体验到数学模型在解决现实问题中的应用。这种实践活动不仅提高了学生的数学建模能力，还激发了他们对数学学习的兴趣。

这样的综合性实践活动，让学生不仅能够学会如何构建数学模型，还能够理解数学知识在现实生活中的应用价值。理论与实践相结合的教学方法有助于学生在解决实际问题的过程中发展批判性思维和创新性思维，同时提高他们的数学运算能力。在这种教学环境中，学生被鼓励积极探索，发现问题，提出假设，进行验证，并从中获得学习体验。这不仅促进了学生的全面发展，也为他们将来的学习和职业生涯打下了坚实的基础。通过理论与实践相结合的方法搭建数学模型，不仅可以有效提升学生的数学建模能力，还能够促进他们对数学的深入理解和应用。这种教学方法使数学教学更加生动、实用和高效，有助于培养学生解决实际问题的能力，从而实现高中数学教育核心素养的全面提升。

3.1.3 开展课外活动

在当今的教育体系中，特别是在高中数学教学中，数据分析能力的培养已成为一个关键目标。这不仅因为数据分析本身是数学学科的重要组成部分，还因为在大数据时代的背景下，数据分析能力对学生的未来学术发展和职业生涯至关重要。因此，在高中数学教学中，教师应当重视并积极培养学生的数据分析能力，尤其是要通过课外活动的拓展和调查统计方法的创新实现这一目标。

在课堂教学中，教师应利用真实生活中与数据和统计知识相关的情境来引导学生进行实际操作和分析。例如，在教授"数据统计图"等相关章节时，教师可以鼓励学生选择与日常生活密切相关的如环境保护、健康饮食、学习习惯等主题进行数据收集和分析练习。这种方法，不仅能够让学生在实践中应用所学的数学知识，还能提高他们的数据分析能力。教师也可以在课后安排与课堂内容相关的扩展活动，这些活动包括对社区或学校的调查，或在网络平台进行数据收集和分析。例如，在教授"样本分布估计总体分布"时，教师可以指导学生设计问卷，收集数据，然后利用所学的统计方法对数据进行分析。这种课后活动不仅加深了学生对课堂知识的理解，也提升了他们的实际操作能力。

在进行数据分析的过程中，教师应引导学生正确理解数据、识别数据中的模式和趋势，并教授他们使用统计工具进行分析。同时，教师应鼓励学生提出自己的见解，对数据进行批判性思考，并在此基础上提出合理的假设和结论。这种方法不仅培养了学生的分析能力，还培养了他们的批判性思维和创新能力。在实践活动中，教师应鼓励学生自主设计调查问卷，收集数据，然后利用课堂上学习的统计方法对数据进行分析。如此一来，学生便可以在真实的情境中应用和体验数据分析的过程，从而提升他们的实际操作能力和数据分析能力。此外，教师还可以组织学生参与学校或社区的实际项目，如环保调查、社区服务等，让学生在实践中收集和分析数据，解决实际问题。

开展合适的课外活动，不仅能够提高学生的数据分析能力，还能够培养他们的社会责任感和实践能力。这种教学方法不仅有助于学生更好地理解和应用数学知识，还能够帮助他们在解决现实问题时发挥更大的能力。

以上的这些教学方法让学生的核心素养得到了全面的提升，为他们的未来学习和职业发展打下了坚实的基础。

3.2 核心素养视角下利用大数据技术建构数学高效课堂

随着现代信息技术的快速发展，大数据时代正式拉开序幕。大数据正在逐步渗透并显著改变着人们的学习、工作、社交等日常生活。在这样的背景下，将大数据技术与教育领域的结合深化，已成为教育未来发展的重要趋势。但是在我国新课标的实施过程中，特别是在高中数学教学领域，目前尚未看到深入、全面地将大数据技术与教学有效融合的实际案例。因此，开展结合信息技术深度融合特点的教学创新，如运用一些多媒体教学软硬件工具来创建高效的高中数学课堂，对于提升教师在信息化背景下的教学创新能力、转变教学方式以及培养学生的数学核心素养至关重要。在当前教育信息化大数据时代，这样的探索和实践不仅是必要的，更具有重要的现实意义。

3.2.1 利用大数据分析问卷调查[①]发现问题

在当前的高中数学教育背景下，为了深入了解高中各年级学生和数学教师对于大数据、有效的课堂学习和数学核心素养的认识，笔者特别设计了一份具有针对性的调查问卷。这份问卷包含了 20 道选择题，主要针对学生和教师在学习和教学过程中的实际情况、数学教学方法以及他们对大数据和数学核心素养的理解等方面进行评估。这次调查共收集到 135 份教师问卷和 1573 份学生问卷，通过大数据技术进行分析，揭示了一些显著的问题。

3.2.1.1 教师对大数据辅助教学的了解情况

问卷调查结果表明，教师对于大数据在教学中的应用，如多媒体信息技术和软件工具的使用相对熟悉。其中，约 80% 的教师表示会在教学中使用互联网资源，91.43% 的教师经常使用希沃软件。此外，37.14% 的教师对其他教学辅助设备也有所了解。这些数据反映出，教师普遍重视大数据和多媒体设备在日常教学中的辅助作用。

3.2.1.2 教师的课堂教学策略

关于教师如何在课堂教学中运用大数据技术提高教学效果的问题上，77.14% 的教师认为，大数据统计分析能在试卷讲评时帮助分析常见错误题型，教师可据此进行具有针对性的讲解。64.79% 的教师认为，大数据分析有助于将学生平时常犯的错误加入错题本中，供其考前复习使用，帮助学

---

① 林新奋. 基于大数据平台创建高中数学高效课堂的实践探索 [J]. 亚太教育，2020（23）：9-10.

生克服弱点。55.83%的教师表示，通过大数据分析，可以在课堂上实时展示学生的知识点掌握情况，促使学生及时发现并纠正问题。69.18%的教师认为，利用大数据分析可以有效地在日常教学中引导学生及时回顾并巩固重点、难点知识，加强训练，从而提升他们的学习效果。

3.2.1.3 学生对于数学教学和大数据深度融合的看法

在当前高中数学教育的背景下，针对学生的问卷调查揭示了他们对于数学教学和大数据深度融合的看法。这项针对高中生进行的调查，旨在了解他们对于大数据在数学学科教学中的实际应用和效果的看法。

（1）学生普遍认为，大数据在数学教学中的应用对提高学习效率至关重要。调查显示，学生对培养数学核心素养的重视程度也很高。在调查中，有77.09%的学生认为培养自己的数学核心素养对提升学习效率有显著影响，而仅有22.91%的学生认为影响不大或无影响。同时，84.2%的学生认为进行核心素养的评估有必要，而15.8%的学生认为没有必要。这一结果表明，学生更倾向于积极参与课堂学习，而不是被动接受知识。因此，教师在教学方法上应从单一的讲授转向注重培养学生的核心素养和创造高效课堂。

（2）调查还显示，学生更喜欢数学教师使用大数据技术来分析试卷，绝大多数学生认为这对提高他们数学能力大有裨益。具体来说，95.07%的学生认为大数据辅助教学有助于提升他们的数学能力，仅有4.93%的学生认为无帮助。同时，57.46%的学生喜欢用大数据分析来评估自己的学习状况，15.01%的学生喜欢用它来比较自己班级与其他班级的成绩，而26.46%的学生希望利用大数据分析可以发现自己的薄弱知识点。只有4.58%的学生认为大数据辅助教学对自己无帮助或不感兴趣。这表明，学生更加倾向于教师使用大数据辅助教学工具，以便教师有效地识别并帮助他们克服学习难点，从而改善他们的学习体验和提高成绩。

3.2.2 基于大数据平台创建高中数学高效课堂的策略

在当前的高中数学教育领域，大数据和信息技术的不断发展为构建高效数学课堂提供了新的策略和方法。这些策略和方法包括以下几个方面。

（1）教师应熟练掌握并运用现代多媒体教学工具，以提升学生的数学核心素养。这些工具能够帮助学生更好地理解和吸收数学知识。

（2）整合各种教学资源和设备，尝试使用"大数据网络环境"教学模式。这一模式包括自主学习、检测与反馈、问题解答和拓展、总结归纳，以及云端辅导。

（3）教师需要熟练地将大数据技术平台融入多种教学活动中，提高课堂教学效果。利用这些平台，教师可以更加深入地了解学生的学习情况和需要，从而更有效地指导学生学习。

（4）在大数据平台下，高效课堂的教学结构应包含几个关键要素。第一，教师应从传统的知识讲解者转变为课堂设计和指导者，利用大数据为学生设计学习路线图。第二，学生应成为学习过程的积极参与者，确保不同水平的学生都能有相应的收获。第三，课堂教学应包括"导""思""议""展""评""检""练"七个环节，以便于顺畅推进教学活动。第四，大数据技术的应用应成为促进学生独立探索、积极提问和合作交流的有效平台。

3.2.3 大数据环境下高中数学高效课堂模式的构建步骤

在当前的教育环境中，大数据技术的应用已经成为高中数学课堂教学的重要组成部分。它为教师提供了丰富、实时的数据资源，从而帮助教师更有效地规划课堂内容，改善教学方法，实现更精确的教学目标，同时满足教育在大数据时代的改革和发展需求。

3.2.3.1 课前导学准备与预习检查

在大数据支持的教学环境中，学生可以根据教师提供的导学案，在线自学和深入思考，完成预习任务。教师随后可在网络平台对学生的作业进行批改，由系统自动统计成绩并生成数据分析报告。这一过程不仅提高了教师的工作效率，还使教师能够根据学生的预习情况，更加有针对性地调整课堂教学计划。

3.2.3.2 利用微课创设教学情境，引导学生主动学习

教师可以通过播放微视频等方式，创设生动的教学情境，引导学生进入新知识的学习。这种方式不仅可以激发学生的学习兴趣，还能帮助他们更好地理解即将学习的内容。教师在这一过程中充当"导演"的角色，对学生进行直接的引导，将学生的注意力集中到新知识点上，从而有效地促进学生的认知发展。

3.2.3.3 课堂讲解阶段

传统的单向式讲授方法已经不能满足当前的教育需求。借助大数据技术，教师可以在课堂上进行更精准的教学。通过分析学生的预习数据，教师可以针对学生的疑惑点、薄弱环节及知识难点进行深入分析，从而制订更加有针对性的教学计划。在这个过程中，教师应鼓励学生自主学习，然后通过开展小组讨论和师生互动深化学生对知识点的理解。此外，教师可使用如希沃白板、腾讯课堂等工具收集课堂反馈数据，及时调整教学策略，确保课堂教学内容既全面又个性化。

3.2.3.4 课后巩固阶段

课后复习是巩固课堂所学知识的关键环节。利用大数据技术，教师可以设计针对性强的在线作业，让学生在完成任务的同时，加深对课堂知识的理解和掌握。教师可以从学生的在线作业数据，如答题时间、正确率等方面，实时监控学生的学习进度和知识掌握情况，进而提供个性化的反馈和辅导。

这种方法不仅提高了学生的学习效率，还促进了他们自主学习能力的提升。

大数据在高中数学教学中的应用，极大地提高了课堂教学的针对性和有效性。精确的数据分析让教师能够更好地了解学生的学习需求进而合理地安排教学进度，同时能够促进学生的主动学习和思考，为构建高效的数学课堂奠定坚实的基础。

3.3　核心素养视角下完善解题活动建构数学高效课堂

3.3.1　完善解题活动

高中数学的逻辑推理核心素养是学生数学学习中不可或缺的一部分。这种素养要求学生能够有逻辑地思考问题，形成具有条理、合乎逻辑的思维方式。解题活动是培养逻辑推理素养的重要途径，因为它们要求学生在解决问题的过程中找出合理的论据，并采用系统的方法进行分析，从而锻炼和提升他们的逻辑推理能力。教师在构建高效课堂时，应紧密结合课程内容，设计相关的解题活动，引导学生用类比、归纳、演绎等逻辑方法解决实际问题，体验从一般到特殊以及从特殊到一般的逻辑推理思维过程。

解题活动能否有效促进学生逻辑推理能力的发展，很大程度上取决于所提问题的深度和难度。如果教师在解题活动中仅提出表面或简单的问题，那么学生在解决这些问题时的逻辑推理将只停留在浅层次，这无疑会限制他们逻辑推理能力的发展。因此，在解题活动中，教师应避免题海战术，而是精心挑选和设计问题，确保它们的难度适合学生的认知水平，满足学生逻辑推理素养的发展需求。而历年的高考数学真题则可为解题活动提供宝贵的资源，教师可以根据教材内容，在历年高考真题中筛选出合适的问题，并用课件进行展示，引导学生利用已有知识进行全面的逻辑推理和分析。例如，在高中数学"随机抽样"章节的讲授中，教师可以利用2021年新高考Ⅰ卷数学第8

道选择题构建高效课堂。该题中描述了从六个标号球中随机抽取的情景，要求学生分析四个不同事件之间"相互独立"的关系。在这个解题活动中，学生不仅要动用逻辑推理思维，还要深入理解概率论中的独立性概念。这种方式既让真题的价值得到了充分发挥，也让学生的逻辑推理核心素养得到了有效的锻炼和提升。

除了利用高考真题，教师还可以设计与日常生活紧密相连的数学问题，并鼓励学生将数学知识应用到实际生活中，这样可以使他们更容易理解教学的实际意义。例如，教师可以设计一些涉及家庭预算、消费趋势分析或者环境问题的数学问题，让学生在解决这些问题的过程中运用和提升自己的逻辑推理能力。将数学知识与实际生活相结合，不仅能让学生更好地理解数学概念，还能使他们学会如何在生活中应用这些概念，从而更深刻地理解数学的价值和意义。

教师在设计问题时需注意几个关键点。第一，问题应具有一定的实际意义和应用价值，这样学生在解决问题时不仅能够锻炼逻辑推理能力，还能认识到数学知识在实际生活中的作用。第二，问题的设置应能激发学生的好奇心和探究欲，使他们在解题过程中能够主动寻找和探索各种可能的解决方案。第三，在解题活动中应该鼓励学生进行团队合作，组织小组讨论和交流，共同分析问题，寻找解决方案。这种合作学习的方式不仅能提高解题的效率，还能培养学生的团队合作能力和沟通技巧。

教师应关注学生解题过程中的思维发展。在学生解决问题的过程中，教师应适时进行指导和干预，帮助学生厘清思路，引导他们沿着正确的方向进行思考。教师还应鼓励学生进行反思和总结，让他们理解自己在解题过程中所采用的逻辑推理方法，认识到这些方法的优势和局限性。这种反思和总结对学生的长期思维发展非常重要，能帮助他们在未来更加有效地解决类似问题。教师还应利用现代教育技术提高解题活动的效果。例如，可以利用多媒体教学工具将抽象的数学概念和问题具体化，帮助学生更好地理解和分析问题。同时，利用网络资源和平台，教师可以为学生提供更多样化的学习资源和材料，拓宽他们的视野，丰富他们的学习内容。

精心设计的问题可以帮助教师有效地培养学生的逻辑推理能力，还能激发学生的学习兴趣，提高学生的实际应用能力。同时，有了现代教育技术的辅助，教师能够使解题活动更加生动有趣，更加符合学生的学习需求。有了这些方法，教师可以有效地构建一个高效、充满挑战的课堂环境，促进学生全面的思维发展，为他们的未来学习和生活奠定坚实的基础。

3.3.2 构建智慧课堂

在当前高中数学教育中，直观想象能力是不可或缺的一部分，尤其在空间几何的学习上，直观想象起着至关重要的作用。众所周知，空间几何图形往往较为抽象，而高中生缺乏对其的直观感知，这在一定程度上限制了他们理解和应用几何知识的能力。为了改变这一现状，教师在构建高效数学课堂时，需要充分利用现代信息技术和电教手段，创造条件促进学生的直观想象能力发展。

现代信息技术与教育的深度融合为数学课堂带来了革新。利用多媒体教学工具，如希沃白板、几何画板等，教师能够将静态的、抽象的几何图形转换为动态的、可视化的图形进行展示。这种方式使得学生能够更加直观地观察和理解空间几何图形的结构和变换规律。比如，在教授立体几何的时候，教师可以运用三维绘图软件，展示几何体在不同视角和条件下的图像，这样学生就能够从多角度理解几何体的形状和特性。这种直观化的教学方式有助于学生在脑海中构建起清晰的空间图像，加深对几何概念的理解。

教师可以设计一系列以直观想象为基础的互动活动。在这些活动中，学生不只是被动地接受知识，更可以积极参与到数学问题的探索中去。例如，教师可以让学生使用几何画板软件自行绘制和操作几何图形，探究图形的性质。这样的操作不仅能够锻炼学生的直观想象能力，还能够提高他们的学习兴趣和探究能力。类似的实践活动，让学生能够在实际操作中理解和运用几何知识，从而提升他们的空间想象能力。教师还应采用多样化的教学方法，强化学生的直观感知力。在解释几何定理和概念时，教师应该使用直观、生动的语言和实例，帮助学生在头脑中形成清晰的几何图像。同时，教师可以鼓励学生亲自制作几何模型、绘制几何图形等，通过这些动手操作，学生可以更直观地感知空间几何图形，加深对几何知识的理解。现代信息技术和电教手段，结合多样化的教学方法，可以有效地激发学生的直观想象力，提高他们对空间几何知识的理解和应用能力，从而构建一个高效的数学学习环境。

3.3.3 组织数学游戏

在高中数学教育中，数学运算能力是核心素养的基础和核心，数学运算能力对于学生数学素养的发展具有重要意义。传统的数学教学往往未能对数学运算能力进行独立培养，导致学生在这一方面发展受限，也影响了数学课堂教学的整体效果。因此，在构建基于核心素养的数学高效课堂时，教师需要将数学运算作为一个重要的、独立的教学环节进行设计和实施。

教师应该认识到数学运算不仅是一种技能，更是学生逻辑思维、解决问题能力的基础。在设计数学运算训练活动时，教师应避免采用单一的、机械化的练习方式，而是要创新教学方法，使数学运算训练变得更加有趣和富有挑战性。例如，可以通过数学游戏和竞赛，激发学生的学习兴趣和参与热情。这不仅能够提高学生对数学运算的关注度，还能够在轻松愉快的氛围中提升他们的运算能力。通过开展"运算闯关"游戏，学生可以在解决一系列趣味数学问题的过程中，逐步提升自己的计算速度和准确性。"快算快答"和"运算金字塔"等课堂游戏活动更是能够在紧张刺激的竞赛氛围中，锻炼学生的快速反应能力和逻辑思维能力。"我是变式运算小能手"这样的竞赛活动，则通过不断变换运算形式和提升运算难度，增加数学运算的挑战性，激发学生的学习兴趣和挑战欲望，有效提高数学运算的趣味性和参与度。

除此之外，教师还应该注重运算训练的实际应用，将抽象的数学运算与学生的日常生活和实际问题联系起来。这种联系实际的运算训练方式，可以帮助学生理解数学运算在现实生活中的应用价值，从而使他们更加积极地参与到运算训练中，在增强学生运算能力的同时，也能够提升其解决实际问题的能力。教师在构建高效课堂时，应当创新教学方法，使数学运算训练活动既有趣味性又具有实践价值，采用游戏化、竞赛化的方式，激发学生的学习热情和参与意愿，从而有效提升学生的数学运算能力，促进学生核心素养的全面发展。

3.4 核心素养视角下用多元化授课建构数学高效课堂

随着教育改革的不断深入，教学方法日渐呈现出多样化的发展趋势。在高中数学教学中，采用多元化的授课方式能有效转变传统教学带来的单一、乏味的课堂氛围，进而激活课堂的活力和趣味性。这种变化不仅能够消减学生对数学学习的恐惧和抵触情绪，还能真正唤醒他们对数学的学习热情。更为关键的是，多样化的授课方法使学生能够接受多方面教育，进而探索并找到最适合自己的学习方式，这对于满足学生个性化的学习需求和构建高效的学习环境具有重要意义。

3.4.1 多元化授课方法的实施原则

在当今的教育改革背景下，多元化授课方法成为高中数学教学的一个重要趋势。传统的高中数学课堂往往采用以教师为主导的"讲解—接受"式授课方法，这种方法使学生处于被动地位，他们在课堂上的活动仅限于听讲和做笔记。这不仅导致课堂气氛沉闷，也抑制了学生的个性化发展。因此，根据新课改的要求，教师应积极创新授课方式，通过多元化授课方法构建高效且生动的课堂环境。

多元化授课方法的实施应遵循以下三个原则。

第一，以学生为本。在任何授课方式中，教师都应确保学生处于学习的中心位置，让他们掌握学习的主动权。这意味着教师需要设计更多的互动式和参与式的教学活动，使学生能够积极参与到数学知识的构建过程中。例如，小组讨论、项目式学习或实际操作等方式不仅能提高学生的学习兴趣，还能增强他们的实际应用能力。

第二，趣味性原则。鉴于高中数学知识的复杂性和抽象性，学生在学习过程中容易产生畏难心理。因此，教师在教学过程中应力求使授课方式趣味性十足，可以将数学知识与学生的日常生活联系起来，通过生动的案例或者采用游戏化的教学方式实现。这种方式，可以有效降低学生对数学的抵触心理，促使他们更积极地参与到数学学习中，从而更有效地理解和掌握数学概念。

第三，现代化原则。随着社会的快速发展，特别是信息技术的广泛应用，教育也必须紧跟时代步伐。因此，在高中数学教学中，教师应探索并采用现代化的授课方法，包括利用现代信息技术，如多媒体演示、在线资源和交互式学习平台等，来提升教学的效果和学生的参与度。利用现代教育技术不仅可以使课堂更加生动有趣，也能帮助学生适应未来社会对技术应用能力的需求。

多元化授课方法的实施不仅有助于破除传统数学课堂的局限性，还能激发学生的学习热情，培养他们的独立思考能力和实践能力。遵循以学生为本、趣味性的原则，教师可以有效地提高数学教学的质量，同时为学生的全面发展奠定坚实的基础。

3.4.2 多元化授课方法的构建模式

3.4.2.1 运用分层教学法进行构建

在高中数学教育中，由于学生之间存在的学习能力和基础知识的差异，所以实施多元化授课方法就变得尤为重要。分层教学法作为一种有效的多元化授课模式，能够很好地满足不同学生的学习需求，促进每位学生的全面发展。分层教学法的核心在于根据学生的能力和知识基础将他们分为不同的能力水平层次，针对每个层次的学生制定相应的教学计划和目标。这种方法有助于确保所有学生都能够按照自己的学习节奏和能力进行学习，既避免了基础较差的学生感到沮丧和压力过大，又能激励基础较好的学生继续挑战更高难度的内容。例如，在教授"集合"这一单元时，教师可以从对学生的前期评估，如入学成绩、观察和问卷调查，来判断每位学生的学习状态和能力，然后根据这些信息将学生分为三组。A 组是数学基础扎实且学习兴趣浓厚的学生，B 组是数学基础一般但学习兴趣较强的学生，C 组则是基础薄弱、学习能力相对较低的学生。对于每个组别，教师可以设置不同难度的学习目标，确保每位学生都能在自己的能力范围内得到发展。

在课堂提问和课后作业的设计中，教师同样可以根据这些层次进行差异化处理。例如，对于 A 组学生，教师可以提出更具挑战性的问题，鼓励他们进行深入思考和探索。对于 B 组和 C 组的学生，教师则可以设置更加贴近他们能力水平的问题和任务，帮助他们巩固基础知识，逐步提高学习能力。

分层教学法还能够提高学生的自信心和学习动力。当学生能够顺利完成适合自己水平的任务时，他们会更有成就感，从而激发自身对学习的热情和兴趣。同时，教师可以用这种方法观察学生的进步和发展，及时调整教学策略，以确保每位学生都能得到最适合自己的教育。分层教学法作为多元化授课的一种方法，不仅可以有效应对学生能力和知识水平的差异，还能促进学生的个性化发展，是构建高效课堂的重要策略之一。这种教学模式可以帮助教师更好地满足不同学生的学习需求，帮助学生在各自的水平上取得进步，从而实现教育的真正公平和效果最大化。

3.4.2.2 运用生活化教学法，培养学生迁移应用能力

生活化教学法在高中数学教学中，不仅是一种教学策略，更是一种重要的教育理念。这种方法能够将数学知识与学生的日常生活紧密联系起来，从而提高数学教学的实用性和趣味性。新课改强调发展学生的核心素养，即培养学生适应社会生活和实现自我价值的能力和品质。在这样的背景下，生活

化教学法的重要性日益凸显，它旨在增强学生对数学的亲近感，让他们认识到数学知识的实用性，同时培养他们将所学知识运用于现实生活的能力。

例如，教师在讲解"等比数列"时，可以通过有趣的故事唤醒学生的兴趣。如"国王奖赏象棋发明者"的故事，不但生动有趣，而且与等比数列有直接的关联。这个故事让学生可以在一个轻松愉快的氛围中理解等比数列的基本概念和性质。教师可以进一步利用这个故事来引导学生思考等比数列的实际应用，如计算房贷、车贷或者理解现代金融产品的利息计算。这样的教学方法不仅能够帮助学生理解和掌握等比数列的知识，还能够培养他们的实际应用能力。

生活化教学法的实施，要求教师在教学设计中注意联系学生的生活实际，将抽象的数学知识转化为具体、可视、可感的生活现象。例如，教师可以将数学问题与学生日常生活中常见的情景联系起来，如购物打折、跑步速度、食物配方等，这样能够帮助他们更好地理解数学概念。生活化教学法还能够培养学生的探究精神和创新思维。当学生在解决与生活相关的数学问题时，他们会主动思考和探索，寻找解决问题的方法。这种主动探索的过程有助于培养学生的创新能力和解决实际问题的能力。生活化教学法的实施，不仅可以使数学知识更加贴近学生的生活，还能激发学生的学习兴趣，培养他们的实际应用能力；不仅能够让学生在课堂上学到数学知识，还能将所学知识运用于现实生活，真正做到学以致用；不仅提高了教学效果，还为学生的终身学习和全面发展奠定了坚实的基础。

3.4.2.3 科学运用互联网技术，为数学教学提质增效

在当今信息化时代，科学地运用互联网技术对高中数学教学具有至关重要的作用。特别是对于高中数学这样一门逻辑性和抽象性都很强的学科而言，利用互联网技术进行教学创新，不仅能有效地提升教学的效率，还能激发学生的学习兴趣，帮助他们更好地理解和掌握知识。

互联网技术的引入，能够为数学教学提供丰富多彩的教学资源和方法。例如，在教授诸如"点、直线、平面之间位置关系"的抽象概念时，传统的

教学方式可能无法直观地展示这些概念，而在互联网技术的加持下，教师可以使用希沃白板、三维动画、虚拟现实等手段，使这些抽象的概念形象化、直观化。动态展示和交互式操作让学生可以从不同角度和维度理解数学知识，这种直观的学习体验能够大大提高学生的理解力和记忆力，让学生在轻松愉快的环境中学习数学。互联网技术还为教师和学生提供了一个共享和交流的平台，教师可以将预先准备好的课件、微视频等教学资源上传到网络平台，供学生课前预习，课后复习。这种方式不仅拓宽了学生的学习渠道，还鼓励了学生的自主学习。同时，学生也可以根据自己的学习进度和兴趣选择合适的学习内容，加深对数学概念的理解和掌握。

互联网技术在数学教学中的应用还包括线上互动、远程教育、在线评估等。例如，教师可以利用网络平台组织线上测验和作业，进而实时追踪学生的学习进展和成绩，并根据学生的学习情况及时调整教学计划。同时，学生可以利用网络平台进行线上讨论、协作学习，共同解决数学问题，这不仅提高了学习效率，还培养了学生的团队合作能力。科学地运用互联网技术不仅能够为高中数学教学提供丰富多样的教学资源，还能创造一个互动性强、学习效率高的教学环境。这种教学模式能够促进学生主动学习，提高他们的学习兴趣和动力，同时为教师提供更多的教学方法和手段，有助于提升整体的教学质量。互联网技术的不断发展，将会为高中数学教学带来更多的可能性和机遇。

3.4.2.4 运用小组合作学习法，促进学生的思维发展

小组合作学习法作为一种现代教学方法，在高中数学教学中的应用日益广泛。学生在小组内通过讨论和合作解决问题，不仅能够有效提升他们的学习兴趣和积极性，还有助于培养他们的团队合作能力和批判性思维。在小组合作学习法中，教师不再是知识的单向传授者，而是成为学生学习过程中的引导者和助手。在实施小组合作学习法时，教师首先需要根据课程内容和学生的具体需求来设计学习任务和问题情境。例如，在讲授"圆的方程"时，教师可以通过展示相关图像或提供实际应用案例，激发学生的学习兴趣。然

后，将学生分组并指派他们在小组内探讨和解决预设问题。在此过程中，教师的职责是监督和辅导，确保学生能够在探讨过程中保持正确的方向，并在必要时提供适当的帮助。

运用小组合作学习法，学生可以互相交流思想，分享不同的解题方法和观点，从而拓宽他们的视野。这种学习方式能够促进学生之间的互助和合作，提高他们解决问题的能力。此外，小组合作学习法也有助于培养学生的沟通技巧和团队精神，这对他们未来的学习和职业生涯都是非常重要的。在小组合作学习的过程中，教师应该注重对学生的个性化指导，尤其是在学生遇到难题或出现分歧时应及时介入，提供必要的帮助和引导。在学生完成任务后，教师应该对每个小组的成果进行评价，指出不足之处，并给予适当的表扬和鼓励。这样可以进一步激发学生的学习动力，加深他们对知识的掌握程度。

除了小组合作学习法之外，参与体验式教学法也是一种有效的教学方法。在这种教学方法中，学生通过亲身体验和实践学习数学知识，从而加深对数学概念的理解。例如，在讲解几何知识时，教师可以让学生通过实际操作构建几何图形，或者利用数学软件进行模拟实验。这种参与体验的过程不仅能够增强学生的情感体验，还能促进他们的知识内化。

小组合作学习法和参与体验式教学法都是现代教育背景下提高高中数学教学效果的重要方法。这些方法让教师不仅能够构建一个充满活力和生机的数学课堂，还能够有效提高学生的学习效率，培养他们的综合素养和实际应用能力。因此，这些教学方法的实施对于构建高效课堂和提升学生的学习质量具有深远的意义。

3.4.3 结语

高中数学是一门既充满挑战又饱含智慧的学科，其逻辑性之强和涉及的知识点之繁杂，既能激发学生的思维火花，也可能带来一些学习困扰。在当前素质教育深入人心的教学背景下，教师们面临着一个重要任务——如何在保持数学教学严谨性的同时，更好地调动学生的学习积极性，使他们在愉悦的氛围中探索数学的奥秘。

为实现这一目标，教师需要不断探索和实践多元化的授课方法，这意味着教师要在教学中融入更多富有创意和启发性的教学手段，以培养学生的学习兴趣和思维能力。比如，采用生活化教学法将抽象的数学概念与学生日常生活实际联系起来，让学生在解决实际问题的过程中领悟数学原理；利用现代信息技术为数学课堂带来直观的教学辅助，如利用动画、模拟软件等形式展示复杂的数学概念，使学生在感性认识上获得直观理解；实施小组合作学习法，促进学生之间的互动与合作，通过集体智慧解决数学问题，同时培养学生的团队合作能力和沟通技巧。

多元化的授课方法不仅能够降低学生的学习难度，提高课堂的实效性，还能为学生营造一个自由、轻松、愉悦的学习环境。在这样的环境中，学生的学习态度会更加积极主动，他们的数学思维和解决问题的能力也会得到显著提升。同时，教师在这个过程中能够更好地发挥自己的引导作用，既展现数学的魅力，又能够充分激发和培养学生的数学兴趣和创新思维。

第4章 核心素养视角下高中数学教学方法的重点

4.1 核心素养视角下建立正确的认知结构与思维习惯

4.1.1 建立良好的认知结构

认知结构是学科内容在学生头脑中的组织形态。具体来说，它是学生对知识结构的主观理解和再现。在数学教学中，认知结构的形成涉及几个关键方面：知识的逻辑体系、人的心理过程与个性差异，以及这两者的融合。教学活动中的认知结构是知识结构和认识结构的综合体，它是主体（学生）与客体（知识）在特定环境下的统一。简单来说，认知结构就是学生对知识内容的全面理解和整合方式。一个有效学习的学生能够在其思维中良好地整合知识，使之易于存储和检索。这样的学生在接触新知识时，能够有效地将其融入现有的认知结构，或者适当调整原有的认知结构以适应新信息。对于中学生而言，一个良好的认知结构不仅包含数学知识的储存，还要求这些知识组织得有规律、有系统、有序，并形成一个互联的网络。

在数学教学中，培养学生良好的认知结构至关重要。一方面，它有助于学生在应用特定数学知识时能够快速有效地从其认知结构中提取相关信息，从而顺利解决问题；另一方面，它有助于学生的整体进步。拥有良好数学认知结构的学生不仅更容易吸收新知识，还能够更好地实现新旧知识间的同化和适应。因此，在高中数学教育中，帮助学生形成良好的认知结构是一项基本任务。这包括教师在教学过程中引导学生构建系统的数学知识网络，鼓励学生将学习的新知识与既有知识进行有效连接，以及在教学设计中考虑学生的个性化差异，采用多样化的教学方法以满足不同学生的学习需求。这些途径可以有效促进学生在数学学科上的认知结构建设，进而提升其整体学习效果。

4.1.1.1　重视数学基础知识

在高中数学教学中，基础知识的掌握对于学生来说是极为重要的。而首次接触新概念的方式会深刻影响学生对其的理解和记忆，因此在教授新知识时，教师需要精心准备，确保学生能够全面而准确地理解数学概念的生成过程和应用范围。要实现这一目标，教师需要注意两点：一是避免学生对基础知识的片面感知。在传授数学基础知识时，教师应该深入理解教材内容，以确保能够全面掌握教材，从而设计出有效的教学策略，帮助学生全面理解数学概念。二是重视感知过程中的思维活动。在数学学习过程中，从具体事物的感知到抽象概念的形成，再到这些概念的实际应用，涵盖了两个重要思维跳跃的过程。这两个思维跳跃分别是从具体到抽象的概括，以及从抽象回到具体的应用。这一过程不仅涉及知识的感知，还涵盖了学生的思维活动，尤其是在感知阶段，即从具体感知到抽象概括的过程中尤为重要。

在一些数学教学中，教师可能忽略了数学结论形成的过程，而急于向学生展示最终的数学结论。这种做法可能导致学生无法理解抽象概念是如何从具体事物中演变而来的，从而影响学生对数学基础知识的深刻理解。现代数学教学强调，在展示数学结论之前，让学生体验和理解这些结论是如何形成的，揭示结论形成的思维过程会引导学生进行深入的思考和理解。

4.1.1.2　新旧知识的联系

在高中数学教学中，将新知识与已有知识紧密联系起来是非常重要的，因为学生对新数学概念的掌握程度很大程度上取决于他们对先前知识的理解。例如，要理解矩形的概念，学生需要先掌握平行四边形的基础知识。同样，如果学生还未完全吸收加法原理和乘法原理，那么他们在学习排列组合时可能会遇到难题。美国认知学派的代表人物大卫·奥苏伯尔（David

Ausubel）在他的《教育心理学》一书中强调了这一点，他认为学生已有的知识是影响学习的最关键因素。我国的数学教学实践和研究也表明，注意新旧知识之间的联系对于构建学生良好的认知结构至关重要。认识事物之间的联系是通过感知实现的，因此，学习新知识不仅应该以学生现有的认知结构为基础，还应以扩充和完善这一结构为目标。

（1）强调旧知识复习的重要性

在高中数学教学中，许多新知识实际上是对旧知识的进一步拓展或者是将旧知识以不同的形式表现出来。例如，多边形的内角和是三角形内角和定理的延伸，对数的本质是指数的一种表现。有时，引入新概念之后可能会回归旧知识。例如，引入有理数概念后，其运算规则又回归基础算术运算。因此，在教学中找到新旧知识之间的结合点非常重要，这不仅是教学的重点，也是启发学生思维的起点。在设计新知识的教学方法时，应创造性地设置问题情境来揭示新旧知识之间的联系，这种以旧引新的方法，为新知识的学习铺平了道路。

（2）教学过程中随时强调新旧知识的联系

由于数学学科本身具有强烈的逻辑性，所以许多数学概念和方法之间存在内在联系，而在教学过程中随时强调这些联系，有助于学生将相关知识整合在一起，形成更加结构化和系统化的认知框架。这样的教学方式，能够帮助学生更好地理解和记忆新知识，从而在高中数学学习中取得更好的成效。

4.1.1.3 把所学知识系统化

在高中数学教学中，系统化地整合和理解基础知识对学生形成完整的认知结构至关重要。在常规的数学学习过程中，知识点往往是孤立教授的，这可能导致学生忽视知识之间的内在联系和系统性。然而，正是这种系统性构成了强大的认知结构的核心。因此，教师在教学过程中应重视知识的系统化，注重有意义的复习和总结，帮助学生将分散的知识融入一个连贯的体系中。

在复习过程中，教师应关注概念的系统性和深入性，逐步提炼出数学的基本思想和方法。例如，对概念的本质特征和内在联系进行揭示，整理出清晰的概念体系，并展示这些概念是如何随着时间的推移而演变和发展的。这种方法能帮助学生理解数学概念之间的关系，加深对数学思想和方法的认识。同时，复习题目的选择应着重于激发学生的思维和培养他们的数学能力，强调具体情境中概念的应用。比较不同的数学概念和方法后，教师可以帮助学生更好地理解新的知识，且对比有助于发现概念之间的异同，有利于学生掌握概念的精确含义和应用。例如，比较不同类型的几何图形后，学生可以更清楚地理解每种图形的特性和它们之间的联系。这种方法有助于学生发现错误的根源，增强他们的逻辑思维能力。

通过重视知识的系统化和对概念的深入理解，以及阐明概念之间的关系，教师可以有效地促进学生形成完整、有序的认知结构。这种认知结构不仅包含了基础知识的存储，还包括了对这些知识的组织和应用的方法，从而为学生打下一个坚实的数学学习基础。

4.1.2 养成科学的思维习惯

在高中数学教学中，培养学生的科学思维习惯是非常重要的，其中尤其强调思维的深刻性。思维的深刻性是指能够透过现象探究本质、在解决问题时表现出的深刻洞察力。这种能力对于数学学习来说尤为关键，因为数学不仅是关于数字和公式的学科，它更是一个探索未知、理解事物本质的过程。在教学中，教师需要引导学生在面对复杂的数学问题时，不能仅停留在表面，而是要深入挖掘问题的核心和本质。例如，在教授数学概念时，教师应鼓励学生不满足于仅理解其表面意义，而要深入了解其背后的逻辑和原理；在解决数学问题时，鼓励学生不仅要寻找解决方案，还要理解问题的深层结构，从而建构起更加全面和深刻的数学认识。

4.1.2.1 认识到思维的深刻性

在数学教学中，重视思维的深刻性意味着要引导学生超越传统的、机械的解题方法，培养他们的批判性思维和创新能力。这需要教师在设计教学活动和练习题时,更多考虑如何激发学生的思考和创造力。例如,提供开放式问题或设计多解题目,鼓励学生探索多种解题途径,而不是仅仅遵循一种固定模式。这种教学方式有助于学生认识到数学不仅是一套固定的规则和程序,还是一个充满创造性和探索性的科学领域。

高中数学教学的一个重要目标是培养学生的科学思维习惯,尤其注重思维的深刻性。这不仅是对数学知识的学习,还是对思维方式和认知能力的培养。这种培养让学生能够更加深刻地理解数学知识,更有效地运用数学工具,最终成为具有创新和批判性思维的学习者。

4.1.2.2 认识到思维的广阔性

思维的广阔性指的是学生能够广泛地、从多个角度探索和分析问题,而不仅局限于问题本身,还能够延伸至其他相关领域。这样的思维方式类似于立体思考,它要求学生不仅能把握问题的整体结构和核心特征,还要能留意到重要的细节和特殊因素。这种多维度、多层次的思考方式使得学生能够更加深入和全面地理解数学问题,提高了他们解决复杂问题的能力。

思维广阔性的培养需要教师在教学过程中引导学生打破传统的思维模式,鼓励他们跳出常规的思考框架,从不同的视角审视和解决数学问题。这意味着教师需要创设多样化的教学情境,提供丰富的知识背景和案例,引导学生从历史、现实和未来等多个维度思考数学的应用和发展。同时,通过设计开放性问题和多解题目,激励学生寻找多种解决方案,从而培养他们的思维广度和创新能力。相对而言,思维狭隘性是思维广阔性的反面,它限制了学生的思考范围和深度。狭隘的思维常常表现为只能围绕教科书和教师的讲解进行思考,或者沉溺于大量的练习题中而无法自主地进行深入思考。这种状态不利于学生思维能力的全面发展,可能导致他们对数学学习产生片面和狭隘的理解。因此,教师在教学中应当注重打破思维的狭隘性,引导学生拓宽思维视野,激发他们的探索欲和创造力,从而将他们培养成为具有广阔思维视野的数学学习者。

4.1.2.3 认识到思维的灵活性

在高中数学教学中，思维的灵活性是培养学生解决问题能力的关键。这种灵活性不仅体现在学生能够迅速地确定解题方向，还表现在他们能够根据新情况灵活转换解题方法。对于中学生而言，思维的灵活性是通过一系列的教学活动和训练逐步培养起来的。例如，教师可以通过精心设计的教学方法和课堂活动，鼓励学生从多个角度和层次去思考问题，探索不同的解决方案。这种教学方式不仅能帮助学生深入理解数学知识，还能提升他们的思维灵活性，使他们能够在面对新问题时迅速调整思路，找到解题的新途径。

思维的灵活性也与学生的数学知识基础紧密相关。一名具备良好数学基础知识的学生更容易展现出思维的灵活性，因为他们能够迅速从已有的知识中找到解决新问题的线索。因此，教师在教学中不仅要注重知识的传授，还要关注学生思维方式的培养，使他们能够在学习新知识的过程中，不断增加思维的广度和深度。例如，教师可以在讲解新概念或解决新问题时，引导学生回顾相关的旧知识，通过比较和联系，帮助学生建立起新旧知识之间的桥梁，从而提升思维的灵活性。教师应鼓励学生跳出固定的思维模式，勇于尝试新的解题方法。在数学教学中，创新性的问题和非传统的解题方法能够激发学生的思维活力，帮助他们摆脱思维的呆板性，培养思维的灵活性。通过这种方式，学生不仅能够在数学学习中取得更好的成绩，还能在日常生活中灵活运用数学知识，解决实际问题。

4.1.2.4 认识到思维的创新性

思维创新性是高中数学学习的一个关键点，它指的是学生在学习过程中展现出来的独立思考的能力和创造力，这种智力品质能为个人或社会带来新颖而有价值的创新成果。创新性思维的主要特点是，学生能够利用已有的知识和经验，进行新的组合和分析，从而达到思维的高级阶段。而这种思维方式的成果，无论是新概念、理论、假设方案还是结论，都带有创新的因素，是对新事物的探索和创造。

在高中数学教学中，创新性思维的培养并不意味着学生必须达到科学家的创新水平，而是指在学习数学的过程中，学生应学会独立地思考和解决问题。为此，教师在教学过程中需要鼓励学生敢于提出问题，因为提问是思考的体现，也是创新的开端。教师应避免给学生的思维设置太多限制，相反，应当鼓励学生在学习中提出不同的见解或新思路，哪怕这些想法只包含一丝新意，也应得到充分的认可和鼓励。在数学学习中，创新性思维通常表现为在发现矛盾之后，能够将不同的知识整合起来，积极地突破困境，最终解决问题。

与创新性思维相对立的是保守的思维方式。这种思维方式不愿意深入探索问题，而是满足于遵循现有的规则和惯例。为了克服思维的保守性，教师应鼓励学生在学习中多问"为什么"，在强调基础知识和基本训练的同时，提倡学生独立思考。

4.1.2.5　认识到思维的目的性

思维的目的性也是高中数学教学中不可或缺的一部分，它指的是在思考问题时，学生应始终保持对既定目标的关注，并通过合理的选择寻求实现这一目标的最佳路径。思维的目的性与求知欲紧密相连，表现为学生持续不断地探索问题并努力获取知识的愿望。因此，教师在教学中应时刻明确教学目标，并创造良好的学习环境，以此激发学生的学习动力和目标导向思维。

4.1.2.6　认识到思维的概括性

在高中数学教学中，思维的概括性是一个关键要素，这种能力指的是学生能够通过分析和综合理解不同的对象，或者将对象的各个部分和特性区分开，确定它们之间的相似或不同关系，并在此基础上将它们在思想上联系起来。数学学科的抽象性就是它的高度概括性的体现。抽象和概括是互相联系且不可分离的，尤其在高中数学的教学中尤为重要。数学课程往往涉及许多新的知识，这主要是抽象过程。因此，当人们谈论数学的抽象性时，通常同时涵盖了它的概括性和抽象性。

研究显示，概括数学关系的能力是主要的数学能力之一。对高中学生而言，数学概括能力主要体现在两个方面：一是能从例题和练习题中发现规律，并将其概括为解题模式；二是能将这些解题模式应用到表面不同的题型中，简单来说，就是"模式形成"和"模式识别"。对数学能力较强的学生来说，可能只需要一个例题就能从中发现规律并概括出解题模式，而对大多数学生来说，教师的指导是必不可少的。大多数数学问题的解决都依赖模式识别，即将不熟悉的数学问题转化为已知的解题模式，然后按照这种模式进行解答。在中学数学教学中，培养学生思维的抽象概括性是提高教学质量的重要途径，教师应在教学过程中不断培养学生的概括抽象能力，具体方法包括在概念、命题、公式教学中注意从事实中抽象出结论。将相关背景材料融入教学，可以帮助学生更好地理解知识，同时能够发展学生的观察、类比、归纳和抽象概括能力。另外，在解题教学中，也应注意解题模式的概括和应用，因为这可以帮助学生更顺利地进行解题活动，提高他们解决数学问题的能力。

4.1.2.7　认识到思维的批判性

在高中数学教学中，思维的批判性扮演着关键角色，其核心在于培养学生对思维材料的严格评估能力和对思维过程的精细检查能力。批判性思维能力的培养是学生形成独立和严谨思考能力的基础，它表现为学生在解决问题时不仅要验证得出的结果的正确性，还要检验整个推理过程的合理性，以及能够发现和改正自己的错误，重新进行计算和思考。这种批判性思维的培养在数学教学中尤为重要，因为它不仅涉及数学知识的掌握，还能培养学生的思维方式和问题解决能力。

为了在数学教学中有效地培养学生的思维批判性，教师可以采取多种方法，如鼓励学生在解决数学问题后进行深入的反思，包括对所得结果的全面检验、推理过程的合理性评估，以及答案的详尽性分析。这样的训练有助于学生养成严谨的科学态度，帮助他们形成批判性思维。教师应在日常教学中定期组织改错练习，帮助学生识别和纠正自己的错误，进而提升其批判性思维能力。教师应培养学生的准确分析和判断能力，鼓励他们不盲目接受书本知识和教师观点，而是要通过自己的思考进行分析和判断。

总体而言，高中数学教学中的批判性思维是多方面的，涵盖了从问题解决到结果验证的全过程。合理的教学策略和有效的训练，可以有效提高学生的思维批判性，进而促进他们在数学学习中的全面发展。

4.2 核心素养视角下培养基本的数学能力与思维过程

在当前的数学教育中，学生的基本能力培养已成为一个与学习基础知识同等重要的教学目标。知识与能力是相辅相成的，没有扎实的知识基础，学生难以养成真正的能力；同样，仅拥有知识而缺乏相应的应用与训练，也无法将知识转化为实际的能力。因此，数学教学不仅要重视知识的传授，更要注重学生基本能力的培养和提升。

在数学教学中，所谓基本能力涵盖了学生的一般能力（如观察力、记忆力、想象力、思维力和注意力）在数学领域的特殊运用，同时包括数学特有的一些核心能力（如运算能力、逻辑思维能力和空间想象力），以及其他综合性能力（如理解能力、自学能力和探究能力）。例如，观察力在数学学习中体现为对数学问题和解决方法的敏锐洞察，而记忆力则涉及数学公式、定理的记忆和运用。逻辑思维能力使学生能够严密地推理和分析数学问题，而空间想象力则是解决几何问题的关键。

4.2.1 培养学生的运算能力

在高中数学教学中，培养学生的运算能力是一项关键任务。这种能力主要体现在处理数和式的代数运算，初等函数的超越运算、集合运算，以及基本的数据统计和处理等方面。运算能力不仅是指对运算技巧的掌握，还是指更深层次的、综合性的能力，涵盖了准确、合理、敏捷地运用各种数学法则、性质和公式的能力。此外，它还涉及观察、比较、分析、综合、概括和推理的综合技能。

为了有效地提升学生的运算能力，首先需要确保学生对数学基础知识有正确的理解和掌握，其中包括概念、法则、性质、公式等。只有当学生深刻理解并掌握了这些基础知识，他们才能进行正确有效的运算。如果学生对这些知识的理解不深刻或仅停留于表面，他们的运算能力将受到限制。其次，提高学生运算过程中的推理能力也是至关重要的。数学运算实际上是一种基于已知数据和算式，用运算定义及其性质来推导结果的逻辑推理过程。因此，加强学生运用数学性质和公式进行推理的能力，是提高运算能力的关键。最后，对学生进行严格的运算训练十分重要。俗话说，"熟能生巧"，在运算中熟练掌握基础知识和基本技巧，是形成高效运算能力的基础。因此，必须有目的、有计划地加强学生的运算训练，包括口算、速算方法的训练以及运算技巧的训练。开展这些训练，学生的运算能力可以得到显著提升，使他们在处理复杂的数学问题时更加灵活和高效。

4.2.2 培养学生的逻辑思维能力

在高中数学教学中，培养学生的逻辑思维能力是非常重要的一部分。逻辑思维能力，简而言之，是指能够按照逻辑规律正确运用各种思维形式和逻辑方法进行思考的能力。在学习数学的过程中，学生首先从感性认识获取信息，随后运用一系列逻辑思维方法，如分析与综合、比较、抽象与概括、具体化与一般化等，来深化对数学概念和规律的理解。其中，分析与综合作为基本的思维方法，尤其重要。

培养学生的逻辑思维能力，首先需要让他们扎实地掌握数学基础知识以及必要的逻辑知识。数学知识的逻辑体系是逻辑思维的主要场域，学生只有理解和掌握了这些逻辑结构，才能确保思维的正确性和合理性。而在教学中结合具体的内容介绍概念定义的方法、分类的正确途径、推理与证明的规则等，都有助于防止逻辑错误的产生，也能帮助学生提高逻辑思维能力。其次，加强学生在分析综合、抽象概括以及推理证明方面的能力也是至关重要的。在教学中不断强调和实践这些逻辑方法，可以有效地促进学生逻辑思维能力的提升。在数学学习过程中，学生需要学会将复杂的问题分解成简单的问题，然后将这些简单问题的结果综合起来以形成对整体的深刻理解。最后，加强对学生进行推理与证明的训练也非常重要。教师应在教学中遵守严格的逻辑规则，正确运用推理形式，并采用课堂练习、课外作业等方式，促进学生在推理和证明方面能力的提升。同时，教师应及时指出并纠正学生在推理论证过程中可能犯的错误，帮助他们养成严谨的推理习惯。这些方法可以有效地培养学生的逻辑思维能力，为他们在数学学习和未来的生活中打下坚实的基础。

4.2.3 培养学生的空间想象力

在高中数学教学中，培养学生的空间想象力是一个重要的方面。空间想象力，简单来说，就是对于空间内的图形进行想象的能力。这种能力并不是孤立存在的，它与逻辑思维能力、运算能力紧密相连。在数学学习中，对空间图形的想象往往需要经过逻辑推理和计算来明确其形状、大小和位置关系。因此，学生的空间想象能力是在学习与空间图形相关的基础知识和技能的过程中逐步培养和发展起来的。

要培养学生的空间想象力，教师需要确保学生充分掌握与空间形式相关的数学基础知识。在高中数学课程中，几何知识占据了很大一部分，但除了几何知识之外，还包括数形结合的内容，如数轴、坐标法、函数图像、三角函数的几何意义等。这些知识可以通过数量分析的方法理解，从而有助于学生空间想象力的培养。采用对比或对照的方法进行教学是非常有效的。例如，在立体几何的教学中，教师可以将空间图形与平面图形进行对比，把物体或模型与绘制的图形进行对照，帮助学生建立起空间概念和数、式与图形的对应关系。这种方法可以有效地培养学生的空间想象力。严格的训练对于培养空间想象力同样至关重要。教师需要精心挑选一定数量的练习题，并有目的、有层次地组织学生进行练习，不断提高他们的空间想象力。此外，加强直观教学，合理利用实物、模型以及生活中的实际环境，可以丰富学生的想象力。教师还可以组织学生进行一些教学实习活动，如测量、设计和制作图表等，这些活动有助于学生观察、分析、组合和概括空间形体，从而有效地提高他们的空间想象力。

4.2.4　培养学生的记忆力

在高中数学教学中，培养和加强学生的记忆力是至关重要的。记忆力是一种能力，它使得学生能将学习过程中获得的知识储存起来，并在需要时将这些知识重新唤起，用于进一步的学习或解决问题。数学学科的特点，尤其是其高度的抽象性和强烈的逻辑性，要求学生必须具备良好的记忆力。数学的语言和符号系统也有其独特性，这些因素都可能给学生的学习带来挑战。如果学生不能牢固记住前面所学的知识，他们就很难掌握后续的概念和内容。因此，在数学教学中，采用适当的方法来帮助学生加强记忆是非常必要的。

（1）概括记忆法是一种有效的记忆方法。由于数学的高度概括性，许多数学规律和公式都是由抽象和概括得到的。在教学过程中，教师可以强调这些规律和公式的内在逻辑和结构，以此来帮助学生更好地进行记忆。

（2）模型记忆法也是一种重要的记忆手段。数学中的许多概念和规律都与具体的空间形式和数量关系相关，具有明确的物理或几何背景。因此，使用具体的数学模型和例子进行教学，可以帮助学生形成更深刻的印象，从而加强记忆。

（3）类比记忆法在数学学习中同样有效。类比是一种常见的数学思维方法，许多数学命题、公式和法则都是用类比推导出来的。在记忆过程中，使用类比可以帮助学生发现不同数学概念之间的相似之处，从而加强记忆。

（4）递推记忆法利用了数学中常见的有序递推关系。这种方法可以帮助学生联想记忆数学知识，尤其是那些形成链式或递推关系的概念。

（5）轮换和代换记忆法利用了数学特有的某些属性，如轮换式和对称式。教师可以指导学生通过轻微修改公式中的变量来记忆不同但相关的概念，这种方法可以提高记忆效率。

（6）逻辑组织化记忆法基于布鲁纳的观点，即将学习材料按照某种结构组织起来以帮助记忆。在数学中，这意味着将相关知识按其内在逻辑关系进行组织，如制作表格或逻辑推演图。这种组织方式不仅有助于记忆，还能帮助学生深入理解数学知识的内在联系和结构。因此，教师应该教授学生如何有效地组织和概括数学知识，以帮助他们进行记忆和理解。

4.2.5 培养学生的观察力

在高中数学教学中，观察力不仅是一种简单的感官活动，还是一种有目的、有计划并且持续的过程，它涉及积极主动地收集和处理信息。观察力是人们获取知识的重要方式之一，它使人们能够深入理解和改造世界。在观察过程中，观察者需要明确观察任务，制订计划，并通过感官主动感受外界刺激，在思维的辅助下逐步构建对观察对象的深入理解，从而提出问题并探求答案。

在数学学习中，观察力主要体现在对客观事物的数量关系、空间形式以及各种数学图形、数据和式子结构的深入观察上。此外，对数学推理过程的观察也同样重要。为了在数学教学中培养学生的观察力，教师可以采取以下几种方法：首先，强调观察数学形式和结构的特点。数学研究的主要对象是客观世界的数量关系和空间形式，这就要求学生关注数和形的主要特征。其次，重视观察数和形的变化规律，理解它们的动态变化过程。最后，关注条件和结论之间的区别与联系，理解它们之间的逻辑关系。

除了培养学生的观察力外，高中数学教学还应注重培养学生的注意力、问题分析解决能力，以及独立思考和自主学习能力。这些能力对于学生从事任何工作都是必不可少的，所以，在高中数学教学中，教师应有意识地培养学生的这些基本能力，并确保能力的培养真正落到实处。能力是一种稳定的心理特征，一旦形成，它将在各种情境中发挥作用。因此，从某种意义上来说，能力甚至比知识更为重要。需要注意的是，基本能力并不是一成不变的，它会随着时代的需求而发生变化。因此，在实践中，人们应不断吸纳新的知识与技能，淘汰过时的内容，以适应时代发展的需求。

4.2.6 正确分析数学的思维过程

在现代数学教学领域，深入分析数学的思维过程至关重要。自数学诞生以来就与思维活动紧密相关，数学的存在和发展依赖思维，而作为思维的一种工具，数学也展现了其美感和力量。数学教育的实质是对数学思维活动的教导，因而教学的每一步都应考虑学生思维的水平和发展，以及对教材的掌握程度，这对于学生基础知识的掌握和能力的培养极为重要。

在教学中准确阐明概念的形成过程对提高教学质量、实现教学目标和发展学生思维、培养能力都至关重要。数学概念是数学知识体系的基础，是中学数学基础知识的核心，也是培养数学能力的根基。心理学研究显示，掌握知识的一般途径包括感知、理解、巩固和应用。因此，数学概念的教学过程可分为引入、理解和应用三个阶段，而每个阶段都需要教师的精心设计和指导，以确保学生能够准确理解和应用这些概念。此外，准确有效地阐明命题的教学过程同样重要。数学命题将概念联系起来，形成完整的数学学科体系。学生如果不掌握数学命题，就无法深入理解数学的结构，更无法有效地学习数学。因此，准确、有效地阐明数学命题的教学过程，不仅有助于学生牢固掌握数学知识的结构，还有助于他们提高解决问题的能力和发展数学思维。准确、有效地阐明解题思路在数学教学中占有举足轻重的地位。因此，在教学中，准确地阐明解题思路对提高教学质量、实现教学目标和培养学生的数学思维能力具有重大意义。教师在教学过程中不仅要让学生理解"应该这样做"，更要让他们理解"为什么要这样做"。这种教学方式有助于学生理解解题方法的产生过程，培养他们的探索和思考能力。

数学教学不仅是传授知识的过程，更是一种培养思维能力的过程。教师在教学中应强调数学思维的深度和广度，鼓励学生积极参与数学问题的探索和解决。这种教学方法能够激发学生的兴趣，促使他们主动学习，最终培养出具有独立思维和创新能力的学生。这样的教学，不仅让学生掌握了数学知识，更让他们学会了如何思考，如何运用数学工具解决实际问题。

在深入分析数学的思维过程中，特别需要强调的是对数学解题思路的准确阐释。解题是数学学习的核心环节，它不仅展示了问题的解决方法，还是学生思维发展的关键所在。数学的本质在于问题和解决，因而解题是数学核心的重要组成部分。在数学教学过程中，教师需要清晰、准确地向学生展示解题的步骤和思路，使其不仅明白如何求解，还要理解为何这样求解。教师在教学中要注重解题过程中的逻辑和心理的双重意义。逻辑意义强调解题过程的精确性和条理性，以使学生对解题过程产生信服之感。心理意义则侧重对解题过程的理解和领会，使学生不仅能够模仿解题步骤，还能够理解其背后的思维过程。例如，教师在讲解一道数学题时，应该阐明解题方法的逻辑推理过程，同时要解释该方法的思维来源和逻辑根基，帮助学生理解解题思路的形成过程。解题教学不仅是展示答案的过程，更是培养学生思维能力的机会。分析不同的解题方法后，学生可以学会在遇到类似问题时如何独立思考和寻找解决方案。这种教学方法培养了学生的创新意识和问题解决能力，使他们能够更加深入和全面地理解数学知识。

准确分析数学的思维过程对于数学教学至关重要。了解了如何清晰地阐明概念形成、命题教学和解题思路，教师可以有效地提高教学质量，实现教学目标，并促进学生的思维发展。同时，这不仅帮助学生掌握了数学知识，还使学生学会了如何使用数学工具来解决实际问题，培养了他们的独立思考和创新的能力。

4.3 核心素养视角下加强学生思想品德教育

4.3.1 爱国主义教育

在当今的数学教育中融入爱国主义教育，帮助学生树立宏伟理想和远大目标是至关重要的。教师应当承担起引导学生树立正确价值观的责任，通过数学教学传承民族的智慧和自豪感。实际上，将数学历史和国家现代化进程中的数学成就融入教学，是培养学生爱国情怀和民族自尊心的有效途径。具体而言，教师应该在以下几个方面下功夫。

第一，通过介绍中国在数学史上的重要发现和中国数学家的伟大贡献，增强学生的民族自豪感。例如，介绍中国是最早使用负数和发现勾股定理的国家等。在教学过程中，强调这些历史事实，可以让学生深刻体会到中华民族在数学领域的伟大成就。

第二，要围绕教学目标进行教学，帮助学生树立远大理想。在教学中，教师应当不断强调数学知识及数学思想方法的重要性，让学生明白数学在现代社会和国家建设中的关键作用，激发他们学习数学的热情和为国家服务的责任感。同时，教师应当向学生介绍数学理论、方法及其在国家建设中的应用前景，引导他们将个人理想与社会主义建设的方向和发展前景联系起来，培养他们远大的理想和对社会发展的高度责任感。

第三，强调数学思维是科学思维的核心，使学生明白掌握数学基础知识和方法是当代社会公民的必备素质。教师应该在教学中反复强调数学思维方法的重要性，鼓励学生加强科学文化素养，以适应社会发展和科技进步的需求，引导学生将个人的理想与实现共产主义的伟大目标结合起来，激发他们为实现这一宏伟目标而努力奋斗。

数学教学不仅是在传授知识，还是在培养学生的爱国情怀和社会责任感。它不仅是提升学生数学水平的关键,还是塑造全面发展的公民的必要途径。

4.3.2 辩证唯物主义

在当代高中数学教学中,培养学生的辩证唯物主义观点是至关重要的。辩证唯物主义,作为深刻认识世界和改造世界的哲学工具,同样是掌握和精通数学所必需的思维方法。正如恩格斯在《自然辩证法》一书中所指出的那样,数学本身就是辩证法的辅助工具和表现方式。因此,辩证法是数学思维的内在特质,而学习数学则是培养辩证观点的绝佳途径。数学教学的一个重要目标,就是了解并深入理解数学的生成、发展及其思维的辩证特性,使学生在学习数学的过程中自然而然地领会到辩证唯物主义的思维方法。

在高中数学教学实践中,教师应抓住每一个机会向学生传达辩证唯物主义的核心观念。这不仅包括对立统一、事物的相互联系和相互影响,还包括运动与变化,以及主要矛盾的识别和把握。例如,教授正负数、质数与合数、有理数与无理数等,可以展示对立统一的概念;研究轨迹、几何变换、函数等数学概念,可以体现运动与变化的理念;分析如何转化、换元化归等思想方法则应抓住主要矛盾,指导学生进行辩证分析。

在高中数学教学中实施辩证唯物主义教育意味着,一方面,在传授数学知识时,要让学生感受到辩证唯物主义思想和方法的存在与重要性;另一方面,在培养数学基本技能和解题技巧时,也要教导学生如何进行辩证分析,使他们不仅能够掌握数学知识,还能够灵活运用这些知识解决实际问题,从而提升他们的数学能力。辩证唯物主义在数学教学中的应用不仅是知识传授的需要,更是塑造学生人生观、价值观、世界观的需要。这样的教学不仅能培养出数学知识扎实的学生,还可培养出能辩证地看待世界、解决问题的未来公民。

4.3.3 培养学生良好个性品质

在高中数学教学中，培养学生的良好个性品质是高中数学教学的核心内容。这些非智力因素，如正确的学习目标、浓厚的学习兴趣、良好的学习惯、坚强的毅力、科学的实事求是态度、独立思考和创新精神，不仅是学习数学的内在驱动力，也是其他学科基础知识学习和能力培养的重要动力。

美国心理学家罗森塔尔的一个实验生动地展示了积极心态对学生发展的重要作用。他在一所小学中随机选出 20 名学生，声称这些学生具有卓越的发展潜力。几个月后，这些学生不但成绩有了较大的进步，且各方面都比之前优秀。这一实验强调了鼓励和自信对学生成长的巨大影响。同样，明代数学家徐光启在《几何原本杂议》一文中提出"五不可学"，强调了学习数学与品德培养的密切联系。

因此，在数学教学中，教师不仅应传授知识、提高学生的能力，更应注重于培养学生的个性品质。这些品质不仅是学生学习的重要基础，也是他们成长的关键。在数学教学中不断地强调和培养这些品质，可以帮助学生树立正确的学习态度，激发他们的学习热情，并培养他们成为具有独立思考和创新能力的社会成员。此外，在数学教学中培养学生的良好个性品质还能促进学生在智力上，以及在情感、意志和道德上的全面发展。总的来说，高中数学教学中的个性品质培养，不但是教育的重要内容，而且是塑造社会责任感强、有创造力公民的基石。

4.3.4 培养学生刻苦精神和顽强毅力

在高中数学教学中，数学学习不仅需要进行深刻的理解和细致的分析，还需要一种持久的耐力和不断的努力。面对复杂的数学问题和挑战，只有依靠刻苦的精神和顽强的毅力，学生才能克服困难并取得成功。而这种精神和力量的来源主要是学生浓厚的学习兴趣和正确的学习目的。心理学研究认为，兴趣能激发学生的学习兴趣，促进思维和想象力的发展，使学生更加清晰地感知新知识。研究表明，学生对数学学习的兴趣与其学习成绩之间存在正比关系。因此，激发学生的学习兴趣对于提高他们的数学成绩至关重要。

为了培养学生学习数学的兴趣，教师可以采取以下策略。一是创设问题情境。这意味着教师需要设置一系列引人入胜的数学问题以激发学生的好奇心和求知欲。这些问题应当体现学生已有知识与新知识之间的矛盾和冲突，教师在引导学生解决这些矛盾时应深化他们的认知结构。二是为学生提供成功体验。教师应适当安排有一定难度的练习题和课堂提问，确保学生能在克服一定难度后获得成功。这种成功体验不仅能增强学生对数学学习的兴趣，还能增强他们的自信心。三是及时消除学习障碍。对于那些感觉数学很难学或对数学不感兴趣的学生，教师应及时识别和扫除他们的学习障碍，防止他们陷入无兴趣与学不懂的恶性循环。

高中数学教学不仅可以传授数学知识和技能，更可以培养学生的个性品质。教师通过激发学生的兴趣，创造成功体验，并及时消除学习障碍，可以有效地培养学生的刻苦精神和顽强毅力。这些品质不仅对学生将来在学术上取得成功至关重要，也对他们未来的生活和职业发展具有深远的影响。

4.3.5 实事求是与勇于创新

在高中数学教学中，培养学生的实事求是的科学态度至关重要。数学作为一门逻辑严密的学科，它的推理和证明过程对培养学生的严谨思维和实事求是科学态度至关重要。数学教学可以让学生学会基于事实和逻辑进行论证，进而形成一种言之有据、一丝不苟的学习态度。教师可以通过梳理数学概念的发展和形成过程，引导学生深入理解数学的本质，使他们学会区分主次，抓住问题的关键点。此外，数学的广泛应用性也为学生提供了一个实践推理和培养求真务实精神的良好机会。在数学教学中，教师应当鼓励学生就各种问题进行讨论和辩证分析，帮助他们形成一种积极探索和严谨认真的科学态度。

数学教学也应当着重培养学生的独立思考能力和创新精神。鉴于数学问题常有多种解法，教师不应只满足于教授标准解法，而应鼓励学生探索多种可能的解决途径，勇于尝试新的方法和思路。通过对数学问题的深化、条件的减弱、结论的加强等方式，学生可以学会如何扩展和转化问题，从而培养创新意识。教师应鼓励学生独立完成任务，同时激发他们对科学的热情和对创造性劳动的兴趣。

在高中数学教学中培养学生的实事求是的科学态度、独立思考能力和创新精神，不仅能够提升学生的数学能力，更能为他们未来的学习和生活奠定坚实的基础。有了实践和创新，学生可以形成更全面、更成熟的思维模式，为他们的长远发展提供必要的支持。

4.3.6 美育

美育并不仅是美术教学的特权，数学本身也蕴含着深刻而丰富的美学元素。数学之美，体现在其部分间的和谐、对称与平衡，其实质是一种内在的秩序和统一协调。数学的创新和发现，实际上是对这种内在美的深刻理解和把握。尽管中学数学无法完全展现数学的全部美学特质，但它仍然在很大程度上展示了数学的内在美。

高中数学中的美学元素主要体现在以下几个方面：一是协调美。在数学中，纯数学与应用数学的关系、代数与分析的协调，甚至解析几何中数量关系与空间形式的结合，都展现了一种协调美。二是简洁美。爱因斯坦曾说："美的本质终究是简单化。"数学中的符号、技巧、逻辑方法的简洁性，都为学生带来了美的享受。而简洁的数学符号背后蕴含着丰富的意义，如符号"$n \cdot a$"表示重复加法，"$f(x)$"表示函数等。

对称美也是数学中的一个重要美学特征。从几何图形中的对称性到代数中的相反数概念，无处不体现着对称美。毕达哥拉斯曾赞美球形和圆形的美，这是因为它们体现了现实空间的对称性和均匀性。统一美是数学的一个核心美学特征，希尔伯特指出，数学的生命力在于其各个部分之间的紧密联系。同时，数学的不同领域之间存在着概念的亲缘关系，它们相互影响、相互渗透，展现了数学作为一个有机整体的统一美。在高中数学教学中，尽管这种统一美的体现可能不如数学理论那样深刻广泛，但有了深入的研究和探索，教师和学生依然能发现其丰富的内涵。例如，数的概念从自然数到实数的逐步扩展，展示了数学概念统一的过程。

高中数学教学中的美育不仅能够陶冶学生的情操，锻炼他们的性格，还能够提升他们的整体素质。揭示数学之美，数学教学可以成为培养学生审美情感的重要途径。

4.4 核心素养视角下教学方法的选择依据

4.4.1 教学方法的制约因素与选择特点

在高中数学教学中，教学方法的选择和应用受到多种因素的影响，也体现出特定的选择特点。教学方法的制约因素包括教师的世界观和教学观念。教师对教育过程的理解，包括对教学中出现的各种矛盾及其规律的认识，深刻影响着他们选择和实施的教学方法。因此，一个科学有效的教学方法必须建立在教师科学的世界观和正确的教学观念之上。教学方法的选择也受制于教学内容的逻辑性，这意味着数学教学方法应与具体的教学内容紧密相连，满足该内容的逻辑要求。此外，教学方法的选择还受限于学生的心理和生理发展水平，适应学生心理和生理特点的教学方法才能被视为有效和科学的。同时，社会的生产力水平和物质条件也对教学方法的选择产生重要影响。在现代化教学环境下，高效的教学方法往往依赖一定的技术支持，如多媒体设备、计算机、实验器材等。

在选择和实施教学方法时，有以下几点需要引起重视。第一，应以发展学生的智力为出发点，不仅关注知识和技能的传授，更重视学生能力的培养。第二，应充分调动学生的学习积极性，同时发挥教师的主导作用，确保教学过程既生动活泼又富有成效。第三，应注重研究和培养学生的自学能力，使学生不但能够掌握知识，而且能够独立学习。第四，应特别关注学生的情感生活，培养他们正确的学习动机、浓厚的学习兴趣和顽强的学习意志。第五，对传统教学方法进行继承、改造和发展，以形成适应现代教育需求的新型教学方法。

4.4.2 教学方法选择的标准与原则

在高中数学教学中，选择和应用适当的教学方法是确保教学有效性和实现教学目标的关键。教学方法的选择不仅需要考虑教学方法本身的特点，还需要考虑其与教学过程中的其他要素的关联性。为了做出最优的选择，教师应遵循一系列标准和原则。

首先，教学方法的选择必须遵循教学规律和原则，确保不同方法的合理组合。这包括教学方法与教学目标的一致性，即所采用的方法应服务于既定的教学目的，助力完成特定的教学任务。同时，教学方法应与教学内容的特点相符合，以便更有效地实现教学目标。此外，选择的教学方法应适应学生的发展水平，以确保学生能够有效地接收和理解教学内容。

其次，教学方法应符合教师自身的特长和风格。这样做不仅能提高教学的有效性，还能让教师充分发挥自身优势，形成独特且高效的教学方式。同时，教学的经验性也很重要，这有助于确保教学活动能够按计划顺利进行。

最后，在实施教学方法时，教师应根据教学的实际情况，选择最合适的方法。这需要教师综合考虑各种因素，包括教学内容、学生特点、教学环境和资源等。有效的教学方法选择可以确保教学效果，而错误或随意的教学方法选择则可能对教学活动产生不利影响。因此，教师在选择教学方法时，必须遵循科学依据，合理地组合不同的教学方法，以实现教学的最优化。这包括对教学目标、教学内容、学生特点和教师自身条件的全面考虑，确保教学方法的选择既科学合理，又行之有效。

4.4.3　教学方法选择的总体把握原则

在高中数学教学中，教师在选择教学方法时应遵循总体把握原则，其中涉及对教学目的、教学内容以及每节课的重难点的全面理解和应用。这一原则强调教学方法的选择应与教学的整体目标和具体任务紧密相连，同时考虑到教学内容的特性和每节课的具体需求。

首先，教学方法的选用必须紧密围绕教学目标和任务。不同的教学目标和任务需要不同的教学方法，若目标是传授新知识，那么教师可能需要采用讲授法或演示法，让学生体验知识的产生和发展；若目标是提高技能和技巧，那么变式练习可能更加合适。在一节课中，不同环节的不同目标可能要求教师灵活变换教学方法，以确保教学的有效性。

其次，教学方法的选择应考虑教学内容的性质和特征。不同学科的教学内容有其独特性，故其教学方法的选择也各不相同，如数学与语文课程的教学方法就大相径庭。数学课程可能更倾向于选择讲解、演示和实验相结合的授课方法，而语文等课程可能更多使用讲授法。即使是数学这一学科，由于不同章节内容的不同，教学方法的选择也应有所区别。例如，练习课和复习课就需要选择不同的教学方法进行授课。

最后，每节课的重点、难点和关键环节也是确定教学方法的关键因素。教师需要根据课程内容的不同部分选择合适的方法，如对于概念性较强的内容，可以选择讲授法；对于难点，可以采用讨论法来鼓励学生集思广益；而对于学生容易理解的部分，则可以采用自学或指导阅读的方式。

4.4.4　教学方法选择的师生共鸣原则

在高中数学教学中，选择适当的教学方法时应遵循师生共鸣原则，即选择的教学方法既要符合教师自身的控制和驾驭能力，又要适应学生的接受能力。这种原则旨在实现师生之间最佳的互动和教学效果。

首先，教师应考量自己运用不同教学方法的能力。不同的教学方法要求教师具备不同的技能和素养。例如，某些教师可能在利用形象思维和语言表达方面更为出色，能够通过生动的描述和具体实例使抽象的数学概念变得易于理解。这样的教师应该选择强调口头表达和视觉展示的教学方法。相反，若教师在口头表达方面不够强，但擅长使用直观教具或制作教学辅助材料，那么他们应该更多采用这些工具来辅助教学。总之，教师应根据自己的特长和条件，选择能最大化发挥其教学优势的方法。

其次，教学方法的选择还需要考虑学生的接受能力。教师应了解学生的年龄特性、知识背景、心理准备以及学习态度等，以确保所选教学方法符合学生的认知发展水平。例如，在初学数学概念时，应采用更直观、具体的方法，如使用教具和图形，而在数学应用阶段，则更多可以采用启发式和探究式的方法，鼓励学生独立思考和解决问题。值得注意的是，考虑学生的可接受性并不意味着教师只是被动适应学生的当前水平，而是应从学生的实际出发，选择那些能提升学生独立学习能力的方法。

4.4.5 教学方法选择的"双效"统一原则

在高中数学教学中，选择合适的教学方法时需要遵循"双效"统一原则，这意味着在选择教学方法时，教师既要追求最佳的教学效果，又要确保高效的教学效率，进而实现这两者的完美融合。在选择教学方法的过程中，教师需要全面评估采用特定方法可能获得的成效和收益，以及预期的结果，确保所选方法能够有效实现教学目标。

有效的教学方法应能产生显著的教学效果，即能够使学生在学习和理解上取得明显进步。然而，仅关注教学效果还不够，因为好的教学效果有时可能随着时间、精力、资源等高成本投入而使教学效率降低。理想的教学方法应是在较少投入的情况下，既能达到良好的教学效果，又能保持较高的教学效率。只有当教学效果和效率两者达到均衡时，教学方法的选择才能被认为是最优化的。

教学方法的选择还需考虑学校的具体教学条件。不同学校的环境和设施条件各异，这也会影响到教学方法的选择。所有教学方法的本质目标应保持一致：在传授数学知识的同时，重视学生能力的培养、智力的发展和综合素质的提高。同时，教学方法应强调教师的引导作用与学生主体性的结合，激发学生学习数学的积极性和主动性，促进他们在思维和行动上的积极参与。教师应关注学生创新精神和实践能力的培养，引导学生进行自主学习，帮助他们理解数学的思想和方法，逐步掌握科学的认识方法。

4.4.6　教学方法选择的三大考虑重点

在高中数学教学中，选择恰当的教学方法是至关重要的。这不仅涉及教学内容和目标的适配，还包括考虑不同层次学生的特点，以及各种基本教学方法的特性。为了达到最优的教学效果，应细致考虑以下三个方面。

第一，教学内容及其对应的教学目标必须是考虑的重点。高中数学课程的每节课都设定了具体的教学目标，包括知识层面的直接目标和能力层面的间接目标。对于知识层面而言，其重点在于理解和掌握特定的数学事实、概念、技巧和原理；而在能力层面，则强调学生解决问题的能力、学习方法的掌握、独立探究与合作等。例如，在教授数学事实时，更适合采用直观的发现法，让学生通过实际操作和实验直接体验和理解；而在教授数学概念时，则应考虑适合学生年龄特点和知识水平的方法，从直观描述到严格定义逐步推进。

第二，考虑不同层次学生的特点至关重要。每个班级中的学生虽年龄相近，但他们的智力发展水平、数学能力、学习习惯等各不相同。因此，选择教学方法时，应基于大多数学生的水平和需求，同时顾及其他水平学生的需求。例如，对于整体水平较高的班级，更多可以采用讨论和发现方法进行训练，激励学生深入思考；而对于基础较弱的学生，则更多应采用讲授和指导方法，帮助他们逐步建立起数学的知识体系。

第三，考虑各种基本教学方法的特点和实质也是关键。每种教学方法都有其独特的教学原理、优势和局限性，适用于不同的教学环节和目标。了解不同教学方法的核心特点，能够使教师更灵活和有效地运用这些方法，以达到最佳的教学效果。例如，演示法适用于展示数学概念和原理，而讨论法则更适合于激发学生的思考和创新能力。

第 5 章　不同教学方法培养高中数学核心素养的应用实践

5.1 翻转教学法培养数学核心素养的应用实践

5.1.1 翻转教学法的内涵

在我国信息技术飞速发展的今天，日益成熟和完善的网络技术已经成为现代高效教学的重要辅助工具。这些技术的进步不仅改变了传统的教学模式，而且催生了翻转教学这一新型教学方法。翻转教学的核心理念是引导学生在课前通过网络视频等方式自学，然后在课堂上进行重点练习和讨论，从而促进学生思维的发展。这种教学方法不仅是教学模式的一种转变，更是教与学关系的一种变革。因此，高中数学教师应当积极拥抱这种新的教学模式，有效地将翻转教学与传统数学教学相结合，为学生提供更科学、有效的指导，从而促进他们的数学能力和核心素养的提升。[1]

高中数学是我国基础教育体系中的一门重要而复杂的学科，因其内容的复杂性和抽象性，教学难度较大，学生往往难以深入理解和掌握。传统的教学方法过于注重理论和机械化学习，这不仅使得课堂枯燥乏味，还阻碍了学生积极性的发挥和综合能力的形成。因此，为了更好地适应现代化素质教育的要求，高中数学教师应大胆革新教学方法，尝试引入翻转教学这一教学方法，以增强学生学习的自主性和主体意识。这种教学方法不仅能够培养学生的数学综合素养，还能促进他们在数学学习方面的持续发展。

---

[1] 李丽莉. 高中数学翻转教学策略探究 [J]. 考试周刊，2019（14）：75.

5.1.2 翻转课堂重视现代信息技术的力量

翻转课堂作为一种新兴的教学模式，在我国的高中数学教学中逐渐展现出其独特的优势。它颠覆了传统教学模式中教师讲授和学生被动接受的局面，将学生自主学习放在了教学的前端，极大地调动了学生的学习积极性，促进了他们的主动探究。然而，翻转课堂的成功实施离不开教师对课前学习环节的精心设计和引导。

教师需要充分利用现代信息技术来优化学生的课前自主学习。在当今信息爆炸的时代，网络资源丰富多彩，教师可以采用整合网络资源的方式为学生提供丰富的学习材料。例如，利用教育平台、学习网站或自媒体渠道，教师可以发布精心制作的授课视频，这些视频不仅包括基础知识讲解，还包括思维导图、知识点归纳、典型题目解析等，以帮助学生构建完整的知识体系。

教师在设计课前学习内容时，应注重内容的针对性和层次性。学习内容设计应紧密结合课堂教学计划，既要覆盖基础知识点，又要有拓展延伸，以便引导学生形成自己的思考和见解。教师可以根据学生的学习基础和接受能力，合理安排课前学习的难度和深度，既要确保学生能够跟上进度，又要避免学生感到过于吃力或乏味。教师可以在网络平台上搭建一个互动交流的空间，让学生在观看视频或阅读资料后，能够及时在平台上提出疑问、分享感悟。这样的互动不仅能够增强学生对学习内容的深度理解，还能激发他们的学习兴趣，为课堂上的深入讨论打下基础。

教师还应关注学生课前自主学习的进展情况，不仅包括学生是否完成了学习任务，还包括对学生学习成果的跟踪和评价。教师可以通过在线测试、作业提交等形式，及时了解学生的学习情况，对学生的学习进度和学习效果进行监控和调整。教师的课堂教学应与学生的课前学习紧密结合，将课堂教学的重点放在对学生课前学习的巩固、深化以及对难点、疑点的讲解上。教师应根据学生的自主学习情况，灵活调整教学策略和教学内容，确保每个学生都能在课堂上得到有效的学习和提升。

高中数学教师在实施翻转课堂时，应充分利用现代信息技术来优化课前自主学习环节，用精心设计的学习材料和互动平台，引导学生形成有效的学习习惯和独立思考的能力，从而确保翻转课堂的高效开展，促进学生在数学学习上的全面发展。

5.1.3 发挥学生在翻转课堂上的主体作用

在高效开发利用翻转课堂的过程中，教师应当深刻理解翻转课堂的本质，认识到其核心在于激发和发挥学生的学习主体作用，将课堂转变为一个充满活力、以学生为中心的互动平台。在这种教学模式下，课堂教学不再是单向的知识传递过程，而是成为学生展示自我、提升能力的重要场所。

为了有效地利用课堂时间，教师应将课前的自主学习与课堂活动紧密结合。课前，学生通过观看视频、阅读资料等方式，对即将学习的知识有了初步的认识和理解。课堂上，教师应根据学生的预习情况，设计适当的活动，如小组讨论、角色扮演、案例分析等，鼓励学生分享自己的学习体验，表达个人观点，从而深化对知识的理解和应用。例如，在讲授"对数函数"时，教师可以先让学生展示课前学习的成果，如使用 PPT、海报等形式展示对函数的理解。接着，教师可以引入一些实际应用中的问题，让学生探索对数函数在实际问题中的应用，如在金融、物理等领域的应用。通过这种方式，学生不仅能够更好地理解对数函数的概念，还能够理解其实际应用价值，从而激发他们的学习兴趣。

在这个过程中，教师的角色转变为指导者和协助者，而不再是唯一的知识传递者。教师应关注学生的学习过程，及时给予指导和帮助，解决学生在学习中遇到的困难。同时，教师还应鼓励学生之间的交流与合作，促进学生之间的相互学习和提升。教师应利用现代信息技术手段，如在线教育平台、互动软件等，增加课堂的互动性和趣味性。此外，通过在线投票、即时反馈系统等方式，教师可以实时了解学生的学习情况，及时调整教学策略。这种方式不仅可以增加学生的参与感，还可以帮助教师更有效地掌控教学进度，确保教学质量。高效开发利用课堂教学，需要教师深入理解翻转课堂的精髓，设计合理的课堂活动，发挥学生的主体作用，同时利用现代技术手段，增加课堂的互动性和趣味性。

5.1.4 翻转课堂强化学生的思维连贯性

课后思维拓展教学在翻转课堂中的地位是不可被替代的，它不仅强化了学生的思维连贯性，还巩固和加深了学生对知识的理解和掌握。在翻转课堂教学模式下，课后拓展不再只是传统意义上的作业完成，而是一个全面提升学生认知能力、思维技能和学习兴趣的过程。教师在设计课后活动时，应考虑如何有效地整合课前自主学习和课堂内的互动教学，使学生在课后能够进一步深化理解所学内容，扩展思维，形成更加完整的知识体系。

教师可以设计一系列具有挑战性和探究性的课后任务，如提出开放性问题、设计小型研究项目或鼓励学生进行数学实验等。这些任务应与课堂学习内容紧密相关，且能激发学生的好奇心和探究欲望。采用这种学习方式，学生在课后不只是复习和巩固已学知识，更是在主动探索和深度理解知识。教师应充分利用现代信息技术，如在线教学平台、社交媒体等，建立一个课后交流和讨论的空间，学生可以在这个空间中分享自己的学习心得，发布自己在课后探究过程中遇到的问题，而教师和其他同学则可以共同参与讨论，提供解答方案和建议。这种交流不仅增强了学生间的互动，也使学生在课后能够持续保持对数学的兴趣和热情。

教师还可以利用课后时间组织一些特色活动，如数学俱乐部、数学竞赛和数学展览等。这些活动可以使学生在轻松愉快的环境中学习数学，同时培养他们的团队合作能力、创新能力和实践能力。通过这些活动，学生不仅能将课堂所学的理论知识应用于实际，还能在实践中发现新问题，激发学习动力。在教学结束后，教师应重视对学生课后学习效果的跟踪和反馈，可以定期检查学生的课后任务完成情况，对学生的学习进展给予及时的反馈和指导。同时，教师应根据学生的反馈调整教学策略，确保课后拓展活动既能满足学生的个性化学习需求，又能有效促进学生的全面发展。

5.2 微课教学法培养数学核心素养的应用实践

5.2.1 微课教学法的内涵

在当今以互联网为中心的时代，网络技术已经深入人们的日常生活、学习乃至思维方式中，且对教育领域的影响尤为显著。随着教育现代化的推进和课堂教学信息化的趋势，数字化教学工具的使用成为课堂改革的重要方向之一。在此背景下，微课作为一种新兴的数字化教学模式，在高中数学教学中的应用展现出了显著的优势。它不仅能够有效地引领学生明确学习目标，还可以为学生提供具体的学习方法指导和问题解决的方向，从而极大地促进了学生数学素养的提升。[①]

"工欲善其事，必先利其器"，微课的质量和制作水平直接决定了它在教学中的有效性。因此，教师在制作微课时，必须深入理解学生的学习需求，同时结合课堂教学的具体情况，进行精心设计和制作。微课的内容应该是精准而富有针对性的，既要覆盖教学大纲要求的核心内容，又要考虑到学生的认知水平和兴趣点。此外，微课的呈现方式也应当丰富多样，如动画、图表、实例演示等，以吸引学生的注意力，提高学习的趣味性和互动性。

微课并不是以固定的形式存在的，而是会随着教育的发展不断地进行改变。但万变不离其宗，微课的应用目的一直是保证课堂教学的高效性，所谓的高效性是指利用时间成本上的节约来实现更有效果的教学。

---

① 朱玉兰. 微课提升高中学困生数学核心素养的教学策略 [J]. 教育信息技术，2020（7/8）：88-90.

微课与常规课堂有许多不同，在微课的设计中，教师应该注重激发学生的探究欲望和思维活动。教师可以在微课中设置引发思考的问题，或者提供一些开放式的讨论点，鼓励学生在课后进行深入思考和探讨。因此，微课不仅是传达知识的工具，还是激发学生学习兴趣、引导学生主动学习的手段。微课与常规课堂的不同之处见表 5-1。

表 5-1　常规课堂和微课的区别

课程	常规课堂	微课
时间上	45 分钟	5～10 分钟
内容上	知识点多	单个知识点
资源容量上	容量大	容量小
特征上	平淡乏味	生动形象

根据表 5-1 的分析，微课作为一种新兴的教学方式，已经显示出其高效性。相较于传统的课堂教学，微课的时长更短，使得教学能够迅速聚焦主题，从而确保了教学内容的针对性和高效性。此外，微课便于分享，可以为所有学生提供免费的学习资源，并且允许他们根据自己的学习需求，特别是针对知识的薄弱环节反复学习。微课的使用，可以有效地激发学生的学习兴趣，提高他们的学习效果。

在高中数学学习中，存在一部分学困生。这些学生在知识掌握、品格培养、学习方法等方面存在一定的困难，他们通常不太会积极思考，注意力难以集中，更倾向于机械记忆，且在数学运算能力上表现欠佳，常回避难度较高的习题，表现出一定程度的思维惰性。因此，需要通过具有针对性的教育策略进行补救或矫正。

数学核心素养可以概括为"三会"，即会用数学的视角看世界、会用数学的思维方式思考问题以及会用数学的语言表达现实世界。教师的基本任务是帮助学生深刻理解各个具体知识点，并使其能将这些知识应用于实际问题解决中。然而，数学学困生恰恰缺乏这些能力，往往无法凭借自己的力量深刻理解知识和将知识应用于问题解决。

在传统的45分钟数学课堂中，教师面对不同层次的学生，难以照顾到每一个学生的具体需求。尤其对于学困生来说，他们的数学思维存在缺陷，对于一个数学问题需要更长的思考时间，计算速度慢且准确率不高。在这种情况下，学困生往往感到自己能力不足，难以得到足够的关注和认可，因此在课堂上表现得不够积极。他们虽然渴望跟上课程进度，但是由于基础薄弱和接受能力不足，需要教师多次重复讲解，并给予足够的思考时间，才能掌握所学内容。

5.2.2 微课教学法培养学困生数学核心素养的策略

在现代教育体系中，微课作为一种创新的教学手段，对于提升高中学困生的数学核心素养发挥着至关重要的作用。微课教学的有效策略包括以下几种。

5.2.2.1 精心设计微课教学方案

教师需要根据自己的教学风格和特色，制作富有个性化的微课。这要求教师在微课制作的初步阶段就进行细致的计划和布局，确保教学设计的合理性和针对性。尤其对于学困生而言，微课内容的设计应贴合他们的学习特点，明确教学目标，并利用多媒体资源生动展示问题解决的过程，旨在指引学困生进行高效自学，从而激发他们对学习的兴趣。

例如，在教授"函数"这一数学概念时，教师可以创建一个思维导图，如图5-1所示，将函数定义域的求解步骤以图形化的方式展现出来。随后，将这个思维导图转化为微课内容，同时在微课中加入具体的示例操作，使学生能够清晰地看到函数定义域是如何被确定的。这样的微课不仅为学生提供了直观的学习材料，还由示例教学引导学生逐步理解并掌握函数定义域的求解方法。

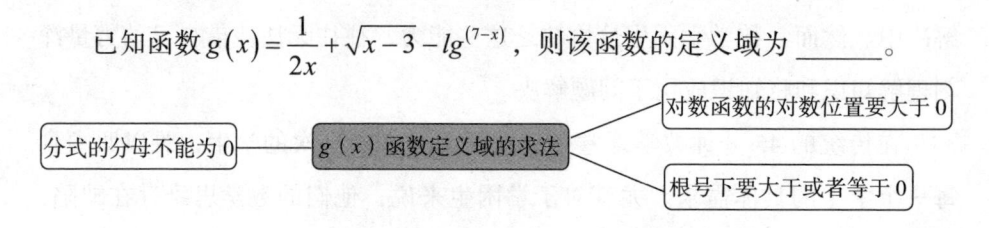

已知函数 $g(x) = \dfrac{1}{2x} + \sqrt{x-3} - lg^{(7-x)}$，则该函数的定义域为 _____。

图 5-1　$g(x)$ 函数定义域的求法

在微课的应用中，特别是对于学习数学有困难的高中生来说，采用典型示例的方式进行教学展示是非常有效的。例如，以"函数的定义域求法"为中心，有了精心设计的微课内容，可以使学困生明白知识的起点和形成过程。微课不仅要展示知识点本身，还应该让学生理解该知识点与其他知识点的联系，从而促使他们思考和深入理解。设计微课时，教师还应该考虑如何使知识点相互关联起来，构建起一个完整的知识网络。这样，学困生可以在课后通过反复观看微课，学习课堂上未能完全吸收的内容，逐步提高他们的数学思维能力和学习积极性。

5.2.2.2　深层思考

微课的设计理念是"短小精悍"，一般控制在 15 分钟之内为宜。同时，微课的设计不仅要注重知识的表达方式，还要深入知识的核心，让学困生能够对数学概念进行深层次的思考。教师在设计微课时，应该考虑学生在理解某个知识点时可能遇到的难题，以及如何通过微课帮助学生突破这些难点。例如，在制作"求数列通项公式"的微课时，可以采用思维导图的形式，如图 5-2 所示，使学生更加系统地理解数列的概念，并拓展他们的数学思维。这种深层次的学习对学生未来的数学发展具有重要的影响。

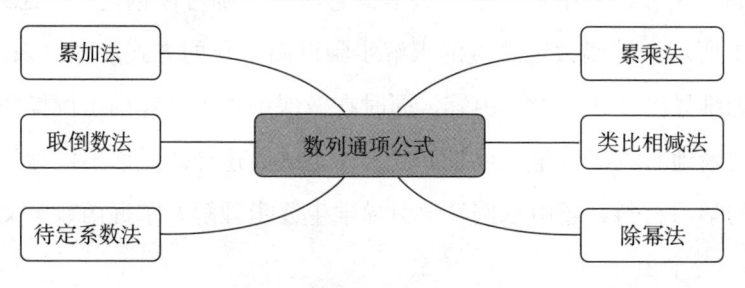

图 5-2　数列的通项公式求法

5.2.3 微课教学具体教学效果研究

广东省中山市某中学教师曾统计过微课教学效果的相关数据。该中学实施的高中数学微课教学研究提供了有关微课在数学教学中的效果的深入分析。这项研究严格界定了所谓的"数学学困生"这一概念，并采用了分层抽样和随机抽样相结合的方法进行问卷调查。具体来说，从高一到高三的学生中共选取了 300 名学困生进行研究，每个年级各选取 100 名学生（其中有 24 名学生因请假和其他原因没有参与问卷调查）。为了排除性别因素对数学成绩的影响，每个年级选取了男女各 50 名学困生进行调查。相关研究结果见表 5-2 和表 5-3。

表 5-2 学习兴趣提升效果调查表

效果	人数	频率（%）
很好	42	15.22
较好	103	37.32
一般	83	30.07
不明显	30	10.87
无效果	18	6.52
总计	276	100

表 5-3 学习成绩提升效果调查表

效果	人数	频率（%）
很好	14	5.07
较好	117	42.39
一般	71	25.72
不明显	52	18.84
无效果	22	7.98
总计	276	100

根据表 5-2 和表 5-3 的调查数据，微课在高中数学教学中的应用对学困生的学习效果产生了积极影响。调查显示，接近 53% 的学生认为微课的使用在提高学生学习兴趣方面效果显著或较为明显，而认为微课没有任何效果的学生仅占 6.52%。此外，73.18% 的学生感到他们的学习成绩因微课的应用而有所提升，只有 7.98% 的学生表示他们的学习成绩未见明显变化。总体来看，在数学教学中运用微课对学困生的学习效果有所改进。大多数学生反映，使用微课对他们的数学学习兴趣和成绩产生了一定程度的正面影响，尽管也有一部分学生表示他们的兴趣和成绩没有改变，但这在一定程度上可能与学困生较弱的自主学习能力有关。

针对学困生认知特点设计的微课，可以让他们利用课余时间反复学习，有效帮助他们突破数学知识的重难点。通过微课及其配套练习的实施，学困生可以更清楚地看到自己在学习过程中的进步，学会重视解决问题和数学推理的过程。微课学习不仅可以帮助学困生获得成就感，还可以让他们感受到自己的努力被认可和尊重，这促使他们以更积极和乐观的态度面对学习和生活中的挑战，使他们在未来的学习过程中展现出更强大的毅力。

5.3 大单元教学法培养数学核心素养的应用实践

在新课改背景下开展的高中数学教学活动，应着重培养学生的学习品质，强调学科教学的育人功能。实现高中数学的核心素养教学，采用大单元教学法，旨在用明确的教学目标引领教学，在整体规划下做好课时内容的设计，利用教学评价对教学设计进行诊断和推动，从而确保教学设计的效率和有效性。面向高中生的数学教学不能依照传统的方式，即零散地对各种知识内容进行教授，教师必须深刻理解数学作为一门学科具有完整的知识体系，其内部各个分支和概念之间有着紧密的关联。因此，教师应当采用综合性的教学方法，通过整体单元的方式组织教学内容，以便学生能够全面地理解和掌握数学知识。

在教学过程中，教师不应仅关注学生对单个知识点的掌握程度，还应评估学生是否能将数学知识应用于实际。此外，教师还需深入挖掘数学知识的内在逻辑联系，并结合教学大纲，采用整体性教学策略，引导学生在大单元教学模式下，实现对数学概念全面和系统的掌握。只有这样，学生才能建立起完整的数学知识体系，为其未来的学术和职业发展打下坚实的基础。

5.3.1 聚焦知识间的互联，推进整合式教学

在进行数学知识点讲解时，教师应充分意识到各知识点之间的关联性，并采用整合式教学方法，以大单元的形式进行授课，确保学生能够把所学知识整合为一个有机的整体，进而优化其知识结构、扩展其知识体系。例如，在引导学生学习"幂函数""指数函数""对数函数"和"三角函数"等相关知识时，教师不应孤立地传授各个概念，而应设计一个包含这些概念的综合教学单元，使学生能够将学习的内容相互联系，构建一个逻辑性强的知识体系。在教学开始前，教师应明确教学的中心主题，让学生了解即将进行的学习都围绕"函数"的概念展开，以此帮助学生全面理解函数知识。在具体的教学活动中，教师还应根据逻辑顺序对函数的表达形式、性质及图像等进行讲解，使学生能够以一种系统化的方式理解和记忆不同的函数概念。

5.3.2 注重体现核心素养，完善教学过程

在实施大单元教学策略的过程中，高中数学教育工作者必须精心设计并不断完善教学环节，以免缺失关键的教学步骤，确保学生能够全面理解并掌握课程内容。此外，教育者还应注重培养学生的核心能力，以促进其全方位的成长和进步。例如，在讲授"函数"的相关知识时，教师应深化学生的核心能力培养，设计全面且丰富的教学活动。在向学生阐明知识点后，教师可以引入"实际应用"环节，鼓励学生应用所学的新知识来解决实际问题，确

保他们能够深刻理解并运用学到的概念。例如，在讲解"指数函数"的概念后，教师可以通过如何应用这一概念来预测细菌增长的问题激发学生的兴趣："如果细菌每十分钟繁殖一次，那么一小时后会有多少细菌？"通过这种方法，教师能够引导学生将知识应用于解决现实问题，从而在大单元学习的过程中实现个人能力的全面提升。

5.3.3 关注教学评价，提升教学质量

教育工作者应重视教学评估的重要性，应基于学生的学习成果和表现对其进行适时评价。在大单元教学的背景下，有效的教学评价能够显著提高教学质量和效率，为学生的未来发展打下坚实的基础。例如，在讲授立体几何的"空间位置关系"时，教师应根据学生的具体学习情况，尤其是那些因空间想象力受限而难以理解概念的学生的学习情况进行个性化评价。教师应鼓励这些学生在课外使用多种方法来提高自己的空间想象力，以便他们更好地掌握课程内容。

5.4 合作式教学法培养数学核心素养的应用实践

5.4.1 合作式教学法的实施原则

高中数学合作式教学法的实施原则主要有以下三条。[1]

一是科学性原则。这意味着教师必须全面了解学生的知识基础和参与度，并基于此对学生进行全面的评价。即便是基础薄弱的学生，也应被纳入

---

[1] 许薇嫣. 合作学习 助力成长：合作式教学法在高中数学课堂中的运用策略 [J]. 数理化解题研究，2022（12）：17-19.

考量范围，重视他们在小组讨论中的表现，从而对他们数学学习能力做出全面、系统的评估。在评价过程中，教师不仅要关注表现突出的学生，还应深入了解每位参与讨论的学生的实际情况，且评价内容不应局限于学生的数学思维方面，还应包括他们的协作能力、沟通能力和主动性等方面。此外，教师应鼓励学生进行自评，并组织小组成员进行相互评价，从而更全面地了解学生的学习状态，为他们提供改进的策略。

二是参与性原则。学生的学习效率和知识掌握程度很大程度上取决于他们的参与度。通常，对数学感兴趣的学生在数学知识掌握上的表现也更出色。因此，即使学生对数学知识理解有限，也应鼓励他们积极参与数学课堂活动，以提高他们的学习效果。教师应创造条件，促使学生在小组探讨中提出疑问，并与其他成员共同寻找解决方案，从而激发他们学习热情，营造良好课堂学习氛围。

三是主动性原则。在合作教学模式下，学生的主体地位更加凸显，学生可以自由表达自己的观点，分享对数学概念的理解。这种模式能够有效激发学生的学习主动性，让他们意识到自己是课堂的中心，应该积极探究数学知识。教师可以通过设置趣味性问题和创设教学情境引导学生自主思考。如果学生遇到学习障碍，教师应适时提供指导，帮助他们在合作学习的过程中提升数学能力，从而真正爱上数学，激发学习的主动性。

5.4.2 分组要合理

在高中数学教学中，鉴于数学知识的逻辑性增强和难度升级，学生若坚持使用过时的学习方法，可能无法达到理想的学习效果。因此，教师在进行高中数学课堂教学时，不仅需要深入了解学生的基础水平和知识应用能力，还应评估学生的学习方式与当前的教学内容及他们的思维逻辑发展水平是否匹配。在组建数学学习小组时，教师应综合考虑学生的整体情况，合理分组，以便每位学生都能在小组中充分表达自己的想法，从而营造出积极的合作学习氛围，使每位学生在学习过程中都能体验到数学的乐趣。

例如，在教授"随机抽样"这一课程时，教师可以采用将数学知识与实际生活相结合的方式，激发学生的学习兴趣。教师可以提出问题："我们在日常生活中接触的食品，能否用检验方式验证它们的物质构成呢？"接着，教师可以让学生随机选择一些食品样本进行检验，这样就自然而然地引入了"随机抽样"的数学概念。在小组成员分配方面，教师应灵活处理，可以允许学生自主组队或按近邻分组，关键在于实现有效的合作学习。如果发现某些小组的合作效果不佳，教师也可对小组成员进行调整。在合作学习中，教师可以指导学生进行集体阅读和思考，深入解析数学知识点的含义。同时，教师可以通过举例说明，帮助学生更好地分析和理解所学知识。对于生活中的数学问题的设计，教师应遵循合理性和科学性的原则，选择能激发学生兴趣的主题，以提高小组讨论的活跃度，确保每位学生在小组合作学习中都能实现个人成长。

5.4.3 优化教学内容

在高中数学的合作教学中，教师的备课策略和教学内容的优化至关重要。合作教学不仅能激发学生的学习热情，提升教学效果，还对教师的准备工作提出了更高的要求。在制定教学内容时，教师不应仅局限于传授理论概念，也不宜只教授过于复杂的数学题目。相反，教师应组织学生共同进行探讨，引导他们在头脑中构建数学知识框架，因为集体协作和交流能够发挥他们解决数学问题的能力，从而培养他们的数学思维。

例如，在讲授"三角函数的图像和性质"时，教师需要充分准备，将高中的数学知识点与学生之前学习的知识联系起来。这样做既能避免学生对灌输式教育的抵触，又能通过联想和类比的方式提高学生的逻辑思维能力。教师可以使用提问引导学生进行思考："同学们，你们是如何理解三角函数的图像，又是怎样得到这些图像的？"这样的问题可以激发学生的数学思维，引导他们参与小组讨论，深入分析新旧知识之间的联系。

为了加强学生对知识点的理解，教师可以运用多媒体教学工具直观地展示三角函数的图像，让学生清晰地掌握三角函数的基本性质，并理解图像的应用方法。这样做不仅能够加深学生对知识点的记忆，还能帮助他们在合作教学中更好地理解和应用数学知识。

5.4.4　调动小组的学习热情

在实施合作学习教学模式中，教师的任务不仅包括引导学生达成学习目标，还包括对学生的学习进程进行有效的评价和监督。这种评价机制不仅关注学生的数学思维发展，还注重提高学生的主观能动性。尽管合作学习以学生为中心，教师仍需予以适当指导，确保学生在正确的方向上进行知识探索，以免课堂时间被无效利用。

在评价阶段，单纯依赖教师的观点可能引起学生的不满。因此，评价过程不仅应包括教师的评价，还应鼓励学生进行自我评价，并增加小组成员之间的相互评价。评价内容应涵盖小组讨论的各个方面，以确保评价的公正性，同时激发学生的学习兴趣。如此一来，每位学生都能真正融入合作学习，从而有效提升他们的数学学习能力。例如，在教授"平面向量"相关概念时，教师需要向学生清晰地解释相关定理，并提出与本节课内容相关的实际问题。这样的教学方法不仅能帮助学生理解抽象概念，还能通过实际问题的讨论，促进学生积极参与小组讨论，从而深化他们对平面向量概念的理解和应用。

5.4.5　增强责任意识

在高中数学的合作学习环境中，教师的角色转化为学习活动的组织者和引导者，需要特别注重增强学生的责任感和促进互助学习模式的形成。当布置学习任务时，教师应根据每个小组的整体能力来调整任务难度，确保任务既具有挑战性又不至于难度过高，以免使学生感到过度压力或影响学习进度。理想的学习任务应该能够促进学生之间的讨论和协作，促使他们共同寻找解决问题的方法。

在合作学习的过程中，教师需要指导学生明确认识到自己在小组中的责任，并对每位学生的表现进行评估，识别小组成员的优劣势。这有助于学生更好地了解彼此，并通过互助学习弥补各自的不足。由于学生的成长背景和学习能力都有所不同，教师应在小组讨论中为那些基础较弱的学生提供适当的指导，鼓励学生间形成互帮互助的学习模式。这样不仅增强了学生的集体意识，还让他们在互相鼓励的氛围中更好地学习，提升了他们的团队合作意识。与传统的单向教学方式相比，合作教学模式更加重视学生的主动参与和互动。这种方式不仅提高了学生的学习积极性，还让他们在思维的碰撞中寻找到数学学习的乐趣和意义。为了确保合作教学的有效性，教师需要精心策划小组分配，认真备课，设计与学生成长相匹配的教学内容，营造一个充满活力的学习氛围，使每位学生都能在小组讨论中发挥自己的长处，从而实现学习能力和效率的提高。

5.5 分层教学法培养数学核心素养的应用实践

5.5.1 分层教学法的内涵

在传统的高中数学教学模式中，教师往往沿用统一的教学方法，这种方法未能充分考虑学生在学习能力上的个性差异，也未能体现出因材施教的原则。特别是在以分数为导向的教育体系中，教师倾向于关注成绩优异的学生，而对成绩较差的学生缺乏必要的关注和支持，这导致学生能力的两极分化现象愈发明显。随着素质教育的深入推广，特别是在"不让一个学生掉队"的教育理念下，数学教师应当勇于创新教学方法，科学且有效地进行教学。而分层教学法正是在这样的背景下应运而生，它要求教师在教学过程中摒弃单一的教学模式，根据学生的基础水平和学习能力进行合理分层，针对不同层次的学生采取相应的教学策略，以期实现所有学生的均衡发展。[①]这种教学方法的核心是"分层"，旨在通过对学生进行科学的分组和有针对性的教学，提升教学效果，真正做到因材施教。其关键在于采用多元化的教学策略，确保不同类型的学生都能积极参与学习过程，并根据各自的能力和需要取得适宜的学习成果。因此，数学教师在接手一个新班级时，应首先对学生的能力进行评估，然后基于这些信息结合教学大纲的要求进行分层教学，确保每位学生都能得到适宜的发展和进步。

分层教学法展现了一些独特的地方，主要表现在以下几个方面。

第一，分层教学法强调了多方面教育的协同配合。在实施分层教学法时，不仅教师需要执行个性化的教学计划，还需要教育管理部门在制定教学大纲时考虑到个性化教学的需求，避免"一刀切"的通用大纲设计。此外，学校也应采取多元化的措施，如推行"走班制"教学、调整教师评估标准等，以促进教师更有效地实施分层教学。

第二，分层教学法旨在使个人的发展与社会需求相匹配。社会的发展和国家的建设不仅需要各种人才，而且各个行业还需要脱颖而出的专才。学校在实施教学时，应着眼于满足学生的个性化发展，结合学生的特长和兴趣开展各种教学活动。这样不仅有助于学生的个人发展，还能满足社会对多样化人才的需求。

第三，分层教学法为学生提供了更广阔的自我发展空间。在这种教学模式下，学生不再被要求完全按照教师设定的路径进行学习，而是在教师的指导下享有更多的学习自由。学生可以根据自己的兴趣和爱好来探索数学知识，从而更好地体现学生的主体地位。

5.5.2 分层教学法的作用

在高中数学教学中，实施分层教学法带来了显著的价值和益处。

分层教学法对提高教学的整体质量和效率起到了关键作用。在传统的教

[①] 牟克红. 分层教学法，高中数学高质量教学的有效策略[J]. 学周刊，2022（25）：85-87.

学模式中，数学教师往往遵循统一的教学计划，设置一个适中的教学难度，旨在达到课堂教学的均衡。然而，这样做不仅无法满足不同学生的需求，还导致了教学资源的分散和教学效率的降低。相比之下，在分层教学模式中，教师可以根据学生的具体情况进行分组，针对不同水平的学生设计差异化的教学内容和方法。这样，每个学生都能够在适合自己的层次上进行学习，进而有效提升教学质量和效率。

分层教学法有助于激发学生的学习热情和积极性。在单一的教学模式下，不同学习水平的学生往往难以在课堂中找到适合自己的学习内容，导致优秀生和学困生都无法得到充分的学习满足。这种情况会降低学生的学习动力和兴趣。然而，在分层教学中，每位学生都能在各自的层次中找到适合自己的目标和挑战，从而增强他们的参与感和成就感。这种教学方式能够有效提高学生的主动性和参与度，促进他们综合能力的发展。

新课程标准特别强调了学科改革的重要性，其中包括丰富教育内容和提升学生的文化水平，同时强化学生的学科核心素养。针对高中数学教学，这种素养涵盖了数学思维、逻辑推理、空间想象以及团队合作等多方面能力。在传统的"一刀切"教学模式中，教学过程往往只集中在不断重复的练习上，而忽视了对学生核心素质的培养。与此相反，分层教学法能够更好地适应学生的个别学习需求。在分层教学实践中，教师能够根据学生各自的学习状况，进行有针对性的教学设计。这意味着教师的教学方法、所采用的教学资源和工具将与学生的心理发展水平、知识基础和思维特点相匹配。这种个性化的教学方式不仅能帮助学生在适宜的教学环境中找到合适的思考方式，还能引导他们发现适合自己的学习路径。

5.5.3 分层教学法的有效策略

5.5.3.1 制定不同的学习目标

在常规的高中数学教学中，教师往往采用统一的教学目标，不区分学生的具体情况与能力。这种"一刀切"的方法导致优秀学生的潜力没有得到充分挖掘，而学习基础薄弱的学生则难以跟上进度。因此，高中数学教师在制订教学计划时，应该制定分层教学目标，以适应不同层次学生的学习需求。例如，在教授"数列"这一章节内容时，教师可以根据学生的基础知识掌握情况和学习能力，将其分为三个不同层次：第一个层次为基础薄弱、思维能力有限的学生，为他们制定的教学目标是确保其能理解数列的基本概念和定理，并能应用这些知识解决基础题目；第二个层次的学生具有一定的基础知识，思维能力较强，他们的教学目标是能够灵活掌握等差数列，并在综合归纳和总结后能够解决一般难度的问题；而第三个层次的学生基础扎实，思维灵活，为他们制定的教学目标是能够深入掌握数列的通项公式，且能够灵活运用数列知识解决一些问题。通过这种分层目标的设置，每个学生都有明确的学习方向和目标，有助于他们根据自己的进度和能力进行高效学习。

5.5.3.2 设置不同的问题

在高中数学教学中，问题的提出对于激发学生的思维活力至关重要。但在实际教学过程中，教师需避免将所有学生置于同一问题的挑战下，否则会导致一部分学生因难度不匹配而感到挫败。因此，在分层教学的模式下，教师应该精心设计适合不同水平学生的问题，以保证每位学生都能在其能力范围内获得参与感和进步。例如，在讲授"直线与圆"这一章节内容时，教师可以根据学生的学习能力设计不同难度的问题。对于基础较差的学生，教师可以直接提出涉及直线参数方程的基本问题，帮助他们理解并运用教材中的基本概念。对于中等水平的学生，教师可以设计一些需要他们应用教材知识进行分析的问题，激励他们灵活运用所学知识。而对于高水平学生，教师则可以提出更具挑战性的问题，如探讨不同解决方案的优缺点，促使他们发展更深层次的数学思维和逻辑推理能力。

通过设置这样层次分明的问题，不同层次的学生都能在课堂中找到适合自己的挑战，从而积极参与思考和讨论。这种教学方式不但促进了学生之间的互动和交流，而且有效增强了他们的学习动力并提高了他们的学习参与度。根据学生差异进行问题设置，使得每位学生都能在自己的能力范围内获得成长，这是高中数学教育中不可或缺的一个重要策略。

5.5.3.3　设置分层任务

在高中数学教学中，复习阶段对于巩固知识和提高学习成效至关重要。传统的家庭作业布置常常采用统一的模式，要求所有学生完成相同的任务，这种做法对于学习能力不同的学生而言，往往效果有限。因此，为了更有效地促进学生的学习，教师需要借助分层教学的策略，精心设计不同难度的复习任务，以适应不同水平的学生的学习需求。举例来说，当教授完"集合的基本运算"这一章节后，教师可以根据学生的学习能力将家庭作业分为三个难度等级：对于基础水平的学生，布置一些教材中的标准题目，确保他们能够利用课本知识巩固基础；对于中等水平的学生，安排一些补充习题，要求他们运用书本知识解决，以提高他们的应用能力；对于高水平的学生，则布置一些思维拓展题，鼓励他们深入思考，总结出不同的解题思路和方法。这样的分层作业安排能够确保每位学生都在自己的能力范围内获得适当的挑战和成长。

教师还应鼓励学生根据自己的学习能力和风格自主分组，进行小组合作学习。这种互助的学习模式不仅能提升学生的合作能力，还能促进他们在解决问题的过程中相互启发，共同进步，从而通过复习过程实现学科核心素养的全面提升。通过这样的分层任务设计和小组合作学习，高中数学教学可以更有效地满足不同学生的学习需求，提高复习的整体效率和质量。

5.5.3.4　进行分层评价

在高中数学教学中，分层评价方法对于学生的个性化发展具有重要意义。这种评价方式不仅强调学生成绩的客观性，还注重学生的个性和潜力的发挥。具体而言，分层评价法要求数学教师在评价过程中摒弃传统的以分数为唯一标准的方法，转而采用多维度、全面的评价策略，不仅评价学生的学习成果，还评价他们的学习过程、习惯和态度。

例如，在教授"立体几何"这一章节时，教师不仅应关注学生对知识点的掌握程度，还应重视他们对立体图形认知的表达和理解能力。针对不同层次的学生，教师可以设计三种不同的评价标准：基础层次的学生要求学会根据描述绘制空间几何图形；中等层次的学生要求学会从立体图形中构建数学模型，并判断不同的视图；高层次的学生要求在学会绘制视图的基础上，加入数据分析和题目解答。这样的评价方法旨在给予每个层次的学生适当的挑战和成长空间，同时激发他们的学习热情和自信心。

除此之外，教师在制定评价标准时，应根据学生间的能力差异设置适当的提升通道，使低水平层次学生有机会向更高水平层次发起挑战。在新课程改革的背景下，分层教学法逐渐成为高中数学教学的重要趋势。通过设定差异化的教学目标、设计个性化的问题、布置不同难度的任务、实施分层评价，教师可以引导学生在获得知识的同时，提高自我成就感和自信心，使学习取得最佳效果。

5.6 "读思达"教学法培养数学核心素养的应用实践

5.6.1 "读思达"的含义

在当代的高中数学教学中，构建高效课堂尤为关键，而余文森教授提出的"读思达"教学法正好与这一需求相契合。这种教学方法涵盖了阅读、思考、表达三个关键步骤，其中阅读是启动思考的催化剂，丰富了学生对数学知识的认知；思考则是表达的前提，加深了学生对数学知识的理解；而表达则反过来促进思考，有助于学生数学素养的形成。[1] 实践表明，"读思达"教

---

[1] 翁建新，陈美兰."读思达"教学法在高中数学教学中的实践探析[J]. 中学理科园地，2023（2）：12-13.

学法在高中数学教学中的应用有着重要作用，尤其是在新教材背景下，它有助于实现高中数学的深入学习，确保核心素养的实际应用。

目前，已有多地高级中学采用高中新教材进行授课。该教材有四大特点：一是新教材强化了知识的趣味性和启发性，更加强调以学生为学习主体的教学理念；二是新教材着重强调理论与实际的结合，增强学生运用数学知识解决问题的意识；三是新教材不仅重视数学知识的传授，也注重对学生思想品德的培养，实现多方面的教育；四是新教材内容新颖，案例贴近实际生活，旨在培养学生的科学创新思维。

从新教材的这些特点中可以看出，新教材的编排更注重培养学生的自主学习、探究和思考能力。因此，实施"读思达"教学法在新教材背景下显得尤为必要，它能够有效地促进学生的主动参与和深层次理解，从而实现高中数学教学的核心目标。

5.6.2 "读思达"的具体操作——阅读

在高中数学教学中，实行"读思达"教学法是一个重要的策略，它能够帮助学生通过深入的阅读、思考和表达来全面掌握数学知识。这种教学方法特别强调学生与教材内容的互动，鼓励学生在理解数学概念时采用主动的学习态度。

阅读是数学学习的基础，理解高中数学的第一步始于对数学文本的深入阅读。这意味着不只要理解数学符号和图形，还需要从中提取关键信息。由于数学具有高度抽象性，所以其学科特性要求学生要养成一种特殊的阅读习惯，这是掌握数学知识的关键。阅读可以分为三部分，即课前阅读、课堂阅读和课后阅读。

5.6.2.1 课前阅读

有效的学习始于课前的充分准备。教师应指导学生在上课前阅读教材，如在探讨抛物线定义时，学生可以通过阅读来理解抛物线与其他几何形状

（如椭圆和双曲线）的不同。这样的阅读不仅能激发学生的好奇心，还能促使他们提出问题和进行思考。

5.6.2.2　课堂阅读

在课堂上，学生应被鼓励去进行有目的的阅读，从而使其能够将新知识与已有的知识相结合。例如，在学习抛物线定义的课程中，学生可以通过阅读来深化对于抛物线性质的认识，进而能够精确地用数学语言来表达这些概念。

5.6.2.3　课后阅读

课后阅读则更注重深入理解和思考。例如，学生可以在课后深入研究二次函数图像为何是抛物线，从而加深对数学概念的理解，并提升其数学思维能力。

5.6.3　"读思达"的具体操作——思考

在高中数学教学中，构建学生的数学思维是至关重要的。思维构建过程不仅依赖学生对数学知识的深入思考，而且需要教师精心设计教学内容，以调动学生的思维活动。在这种情境下，"读思达"教学法展现出其独特价值。

思考的开展是基于对数学概念的清晰理解。教师需精心策划教学内容，确保知识问题化，同时兼顾学生的学习状况，强调逻辑推理的重要性。而在思考的过程中，三种对话形式显得尤为关键。

第一种是与学习目标的对话。深入的思考始于明确的学习目标。例如，在探索函数模型时，可以设定一系列问题，如"变化参数的函数是否属于同一模型""导函数的方程是否总有解"等。利用这些问题鼓励学生深入思考，探索数学概念的深层含义，从而更全面地理解数学知识。

第二种是与疑难问题的对话。面对数学学科的复杂性，学生需要学会提出并解决问题。例如，可以提出关于抛物线标准方程的推导问题，或探究特定条件下曲线的性质等。通过这样的问题，学生被引导去思考并解决数学学习上的难题，进而促进他们的认知发展。

第三种是与高阶思维的对话。在这一过程中，学生被鼓励深入探索数学知识和思维的融合，以及如何运用这些知识来解决复杂的问题。例如，在探讨正方体截面问题时，教师可以提出一系列的问题，如"截面多边形的边数是如何确定的"或"如何计算截面多边形的周长"等。这些问题不仅会引发学生的思考，还能促进他们在数学建模和逻辑推理方面的能力发展。

5.6.4 "读思达"的具体操作——表达

在高中数学教学中，引入高阶思维对话是一种极为有效的策略，它将数学知识和思维过程紧密结合，从而实现数学学科核心素养的全面渗透。"读思达"教学方法的核心在于培养学生以数学的视角观察世界，运用数学的逻辑来分析问题，并以数学的语言进行表达。例如，使用几何图形软件进行动画演示，探索正方体截面问题就是一个很好的实践。

在此过程中，教师可提出一系列刺激思考的问题，如探讨截面多边形的可能形状、如何计算这些多边形的周长，甚至探究相关的面积、体积问题和最值问题。这些问题的多样性不仅能激发学生的好奇心，还能促使他们在解决问题时应用数学抽象思维和直观想象。这种方式让学生在数学建模和逻辑推理方面的能力得以显著提升。

高中数学教学的目标之一是用数学语言来提高学生的数学核心素养。这意味着学生需要学会将数学知识应用于解决现实世界的问题，并在解决这些问题时展现出数学概念的严谨性。例如，教师可以采用小组讨论的方式，鼓励学生共同探讨如何建立最适宜的坐标系来推导抛物线的标准方程。这种讨论不仅有助于学生理解数学概念，还能促进他们的创新思维和问题解决能力的发展。在课堂上，学生的个性化表达和思维展示也非常重要。学生可以通过讨论和互动，对自己的思考进行完善和个性化的表达。例如，在分析不同坐标系下抛物线方程的形式时，学生可以探讨哪种坐标系更为简明和标准，从而深化他们对选择合适坐标系重要性的理解。

为了确保学生规范地进行数学问题的解答，教师应该在课堂上提供解题示范，包括与学生共同阅读题目，分析题意，讨论解题方法，最终引导学生进行规范的书面表达。这样的教学过程不仅能帮助学生掌握数学问题的解答技巧，还能培养他们的逻辑思维和表达能力。

第 6 章　不同课型培养高中数学核心素养的应用实践

6.1 新授课培养数学核心素养的应用实践

6.1.1 制定指向学科核心素养的目标

在规划高中数学的教学活动时，设定的教学目标应紧密结合学科的核心素养，确保学生的学习成效与学科发展方向相符。教学目标不仅是教学活动的指南，也是教学过程的关键导向。[①] 例如，在涉及"交集、并集"这一主题的课程中，教学目标的设定尤为关键。因此，教学目标的设定应考虑以下几点。

第一，关注到数学运算的高层次研究。集合作为高中数学中一个新的概念，需要学生理解其运算过程。因此，该课程的第一个教学目标是让学生掌握集合的交集与并集的含义，能够运用韦恩图直观地表达集合间的关系与运算，从而理解抽象概念。

第二，强调数学的丰富思想内涵。集合论是数学的一个重要分支，它不仅有助于培养学生的抽象思维和逻辑思维，还有利于学生创新能力的激发和科学素养的提升。因此，该课程的第二个教学目标是通过集合的交集与并集的学习，向学生渗透数学的类比思想和数形结合方法。

第三，体现数学的多元价值。高中数学课程的目标是让学生认识到数学的科学价值、应用价值和审美价值。集合的学习可以让学生感受到数学的和

---

① 刘海滨，王克亮.高中数学新授课：培养学生核心素养的策略初探：以"交集、并集"一课为例 [J]. 中学数学教学参考，2020（22）：33-35.

谐与对称之美，以及数学在解读世界中的独特作用。因此，该课程的第三个教学目标是结合课程内容，培养学生对数学的兴趣，并进行数学审美教育，如基于对称美和抽象美的探讨。

6.1.2 创设有利于学科核心素养发展的情境

教育的核心是将书本上的知识转化为学生的直观体验。"一切知识源于感官"，这句话揭示了知识传授中直观的重要性。为了有效地培养学生的核心素养，特别是在新授课中，教师应当创设有助于学科核心素养发展的问题情境。这种情境的创设旨在解决学生在认识过程中的直观与抽象、实践与理论、感性与理性，以及旧知与新知之间的矛盾。

以"集合"章节为例，这是高中数学课程的首个主题，其内容较为抽象，涉及大量陌生的符号和逻辑思维，学生在初始学习时可能会有一定的困难。因此，创建合适的问题情境对于学生理解和掌握"交集与并集"的概念至关重要。

教师在教学"交集、并集"时，可以用实际例子引入集合概念。例如，可以用学校社团活动的参与情况等学生日常生活中熟悉的场景来形象地介绍交集和并集的概念。教师可以采用问答或讨论的形式，让学生在实际情境中发现和理解集合运算的含义和应用。这种情境的创建不仅有助于学生将抽象的数学概念与生活实际联系起来，还能够激发他们的学习兴趣，增强他们对数学学科核心素养的理解和掌握。在教学中创设符合学科核心素养发展的问题情境，是帮助学生从直观中抽象出数学概念、从生活实践中理解理论知识的有效途径。

例：用韦恩图表示下面三个集合。

① $M=\{1,2,3\}$，$N=\{-1,1,2\}$，$P=\{1,2\}$；

② $M=\{x\,|\,x\leqslant 2\}$，$N=\{x\,|\,x>1\}$，$M=\{x\,|\,1<x\leqslant 2\}$；

③ $M=\{x\,|\,x$ 是高一(3)班数学测试被评优秀的学生$\}$，

$\quad N=\{x\,|\,x$ 是高一(3)班语文测试被评优秀的学生$\}$，

$M=\{x\,|\,x$ 是高一(3)班数学和语文测试都被评优秀的学生$\}$。

当涉及集合这一数学概念时，教师可以通过列举不同类型的集合实例，有效地培养学生在数据分析和处理方面的素养。例如，通过对比有限集合与无限集合，学生可以学会区分和分析不同集合类型的特点。同时，这种对比涵盖了集合的表示方法——列举法与描述法，进一步提升学生的数据分析能力。使用韦恩图来表示各类集合，不仅是一种直观的展示方法，还有助于增强学生的直观想象力。相同的图形在不同的集合背景下表示不同的意义，能够让学生直观地理解集合之间的关系。探讨不同类型集合的共同特征，可以有效地培养学生的数学抽象思维和数学建模能力。这种创设情景的方式让学生从具体实例中提炼出通用的数学模型，从而加深对数学概念的理解。

6.2 复习课培养数学核心素养的应用实践

高中数学的复习课程，作为一种常见的教学模式，起着巩固和加深学生对数学知识掌握的重要作用。理想情况下，这些课程应当帮助学生将学过的知识融会贯通，形成一个互相连接的知识网络，使他们深化对数学定理和法则的理解和应用，并且能够在解决问题时选择最优解法。

高中数学教师需要创新设计新课程理念下的素养导向复习课。这意味着教师要改变传统的教学观念，构建一个符合新时代素养理念的高效复习课程。这样的复习课程应当聚焦于真正有助于学生数学思维和综合能力提升的内容。而这种教学模式将有助于实现"减量增效"，在"双减"政策下，真正从重复和机械式的训练中解放学生。[1]

---

[1] 袁玉兵. 核心素养下高中数学复习课创新实践与思考[J]. 高考，2023（8）：29-31.

6.2.1 复习课的创新点

为了使数学复习课更具实效性和创新性，教师应当关注以下几个重要创新点。

第一，高中数学复习课应致力于将碎片化的知识串联起来，形成一个完整的知识网络体系。由于高中数学覆盖的知识点众多，因此教师在组织复习时，不应只是简单地罗列知识点，而应从更宏观的角度出发，重视基础知识和概念之间的内在联系。这要求教师不应仅关注解题技巧，而应从大的概念出发建构知识网络，让学生能够在复习中形成对高中数学知识体系的整体认识。

第二，高中数学复习课需要避免陷入原地踏步的困境，应当鼓励学生在复习中提出新问题、解决新问题。这意味着复习课不应只是对概念和定理的死记硬背，或者是对解题方法的简单重复，而应是在教师的引导下学生深入探索数学知识，挖掘解题方法背后的原理和思想，从而使学生在复习过程中不仅可以重温旧知，还能够基于已有的知识构建出新的知识体系，提高他们的数学创造力和解决问题的能力。

第三，高中数学复习课应当摒弃"一题一解"的教学方式，转而追求"打通一片"的教学理念。这意味着在复习中，教师应更多地关注解题思路和方法背后的数学逻辑，而非仅仅关注题型的覆盖面。教师通过深入研究单个题目，改编条件和结论，让学生能够从一个具体问题中洞察到一类问题的解决方法，理解其背后的数学原理，从而实现对这一类问题的深入理解和掌握。

高中数学复习课的创新不仅是教学方法的变革，还是一种教学理念的更新。在新教学理念的指导下，教师应当引导学生从整体出发，深入理解数学知识，激发他们的思维能力，培养他们的核心素养，从而使数学复习课不再是简单的知识重复，而成为学生数学能力提升的有效途径。

6.2.2 复习课的创新实践

对于高中数学复习课的创新实践，除了上述的"串珠成线"策略外，还有一些重要的方法可以进一步提升复习课的效果和质量。

"妙趣横生"的学习环境对提升学生的学习兴趣和思维能力至关重要。高中数学复习课应摒弃枯燥的讲授方式，引入更多有趣的教学元素，营造出既轻松又有益的学习氛围。比如，在复习等差数列和等比数列时，教师可以鼓励学生自己设计问题或提出新颖的解题方法，从而激发他们的好奇心和创新能力。通过小组讨论、辩论甚至是角色扮演等形式，学生在轻松愉快的氛围中探索数学的奥秘，这不仅能够加深他们对数学概念的理解，还能培养他们的批判性思维和创造性思维。

将数学知识与现实生活相结合，是提升高中数学复习课效果的重要策略。例如，可以探讨数列在经济学、物理学等领域的应用。这样不仅能够帮助学生更好地理解数学概念，还能激发他们的探索兴趣，让他们认识到数学在现实世界中的广泛应用。

在高中数学复习课的创新实践中，"合纵连横"的知识体系构建是一个关键策略。这种方法不仅可以用于单一的知识点复习，还能在更广阔的范围内建立知识之间的内在联系。在这一过程中，教师应引导学生将看似独立的数学概念、定理和公式串联起来，构建一个更为紧密和有机的知识网络。例如，将函数和几何的概念联系起来，可以帮助学生更深入地理解这些概念之间的相互作用和依赖关系。比较和对比不同数学分支之间的相似性和差异性，学生能够更全面地掌握数学知识，提升他们的理解能力和应用能力。这种方法还可以应用到向量与几何、集合与函数等多个领域，帮助学生建立起跨学科的思维方式。

高中数学复习课的创新实践还包括"破旧立新"的思维方式。这种方式鼓励学生不仅要对已有知识进行复习，还要基于现有知识提出新的问题，并通过解决这些问题推动自己的思维发展。例如，在探讨直线与圆锥曲线的位置关系时，教师可以引导学生提出新的问题，如探索弦的中点、长度和与原点相连的三角形面积之间的关系。这种开放式的问题设置不仅加深了学生对数学概念的理解，还培养了他们的创新思维和问题解决能力。

高中数学复习课的创新实践要求教师采用多元化的教学方法，引导学生建立跨学科的知识联系，同时鼓励他们在已有知识的基础上提出并解决新的问题，从而实现思维的发展和能力的提升。这些方法可以让高中数学复习课变得更加高效、有趣和有意义。

6.2.3 对于复习课创新的思考

高中数学复习课创新的关键是要紧密结合当前的教育理念，特别是要符合核心素养培育方面的要求。在这一背景下，高中数学教师需要不断反思和创新复习课的模式和内容，以更好地适应"双减"政策，同时提高教学的实效性。教师应深入理解和运用教材，不断探索教材的深层功能，以实现课堂教学的"减量增效"。

在高中数学复习过程中，教师应引导学生回归教材，深入理解教材中的基本概念、原理和方法。通过对教材的深入分析，教师可以挖掘教材中蕴含的丰富资源，利用教材中的例题、习题进行有效的复习。这样既可以帮助学生奠定扎实的数学基础，又能促进学生的思维能力和解题技巧的提升。

教师应避免过度依赖难题或超纲题目的训练。在复习课上，教师应关注教材中的基本内容，注重基础知识的复习和巩固。过分追求难题或超纲题目的训练不但违背了教育的本质，而且可能对学生产生负面影响，使学生感到压力过大或失去学习的兴趣。相反，通过对教材的充分利用，教师可以有效地提升复习课的质量，使学生在掌握基础知识的同时提高解题能力。

教师还应创新教学方法和手段，使复习课更加生动有趣。采用多样化的教学方法，如小组讨论、案例分析、实际应用等，可以激发学生的学习兴趣，促进学生的主动学习和深入思考。多样化教学方式不但有助于提高学生的学习效率，而且能够培养学生的创新思维和问题解决能力。

在当前的高中数学复习课中，教师往往专注于课程的形式和内容，却忽略了对学生复习效果的评价与反馈。实际上，评价不但是学习的自然延伸，而且是教学过程中不可或缺的一部分。高中数学复习课关注主题连贯性和学习氛围，但评价和反馈环节却常被轻视，而这是复习课提升效果的关键。因此，教师应该在课堂内外采用多样化的评价方式，如学生互评和师生互评等为课程过程提供及时有效的反馈。通过及时的评价与反馈，学生能更全面地了解自己的学习情况，增强自信心，并朝着终身学习的目标迈进。同时，评价与反馈机制也能帮助教师及时调整教学方法，确保复习课的高效率。

高中数学复习课的影响并不仅限于课堂内。事实上，课后的持续学习同样重要，因为课堂时间有限，未能解决的问题需要学生在课后继续探索。因此，教师应利用现代技术手段，如信息技术，打破教学时间和空间的限制，确保学生能在课后继续学习和讨论。这种课后延伸活动有助于深化学生对复习内容的理解，使得复习课的效果更加良好。这样的做法，可以实现复习课程从备课到教学，再到训练和反馈的完整链条，确保教学活动的连贯性和有效性，从而达到良好的复习效果。

6.3 讲评课培养数学核心素养的应用实践

6.3.1 讲评课的重要意义

高中数学试卷的课堂讲评是中学数学教学的关键环节，它作为一种常见且重要的课堂活动，在数学教学中发挥着至关重要的作用。讲评课的主要目的是发现并补充遗漏的知识点、纠正学生的错误，并在此基础上探讨错误产生的根源。该课程能够让学生从失败中吸取教训，并总结成功的方法，进而完善他们的知识结构和思维方式，从而更好地提升他们的解题能力和数学素养。同时，教师可以借此机会审视自己的教学方法，发现潜在的不足，进行自我总结和反思，以改进教学策略，提升教学质量。①

高中数学的试卷讲评课在实际操作中存在一些问题。通过研究和调查，笔者发现许多数学教师在讲评过程中不是按顺序逐题进行，就是有针对性地讲解特定题目，这常常导致教师虽尽力而为却收效甚微。因此，对高中数学试卷讲评课进行深入研究，成为提升高中数学教学质量的一项迫切任务。

6.3.2 讲评课的原则

6.3.2.1 及时反应原则

数学考试是检验学生自主思考能力的关键环节，涉及记忆、理解、判断、表达等多阶段的思维活动。学生也期望通过考试检验自己的学习成果。然而，由于教师的备课压力和试卷批改的难度，试卷的分发和评析往往被推迟，导致学生解题时的思考火花逐渐熄灭。因此，快速将考试结果反馈给学生，对于实现有效评析的目标至关重要。

6.3.2.2 动力激发原则

评析课应充分发挥其激励潜力，这是其核心原则之一。学生的学习驱动力往往源于期望获得良好的成绩和教师的认可。但在数学学科中，由于学生成绩的巨大差异，成绩优异的学生可能感到振奋，而成绩不佳的学生可能沮丧甚至失望。因此，在评析过程中，关注学生的心理状态至关重要，教师讲评旨在激发他们的数学学习兴趣，帮助他们重树信心，维持对数学学习的热情。

6.3.2.3 学生中心原则

评析课不应是教师的单方面陈述，应避免把课堂变成教师的独白。在评析课上，教师应鼓励学生自行探索错误的原因，寻找正确的解决方法，并为

---

① 施浩妹.基于高中数学核心素养的错题讲评课之探索与实践[J].数理化解题研究，2022（30）：17-20.

此提供充足的思考时间。评析课应以学生为中心,促进师生之间、学生之间的互动和讨论,教师在其中起到组织、引导和提示的作用。这种方式有利于学生的主动学习,促进他们对知识的深入理解和能力的提高。

6.3.2.4 定向教学原则

评析课的内容应根据学生的测试结果定制,确保其具有针对性,以此提高课堂效果。教师应关注试卷中的关键点、难点、疑点和重点,具备明确的教学方向。在试卷中,常有易错题和具有迷惑性的题目,以及反映教学重点的题目,教师应依据学生的答题表现,选取这些题目进行重点评析,倾向于使用专题讲解的方法,而非泛泛而谈。

6.3.2.5 知识拓展原则

试卷评析实质上是一个重新组织和整合知识的机会。在评析过程中,教师应指导学生从问题出发,进行类比、推广和创新思考,启发他们对已有知识进行深入的思考和应用。教师应整理和明确知识结构,帮助学生构建一个交叉融合的知识体系。同时,试卷评析结束后,教师应根据反馈进行必要的调整,这是评析课的有效延伸,也是确保教学成效的关键环节。

6.4 习题课培养数学核心素养的应用实践

6.4.1 研究习题

数学习题课,是一种以解题为核心的教学活动,需要教师根据学生的学习情况和教材内容精心设计课堂。这种教学方式不仅可以增强学生对数学问题的分析和解决能力,还能巩固相关知识点,促进学生数学核心素养的全面发展。在素质教育深入实施的背景下,加强和发展学生的数学核心素养成为当代教学的关键任务,也确立了高中数学习题课的教学方向。

在习题的选择和设计上,教师需要精挑细选,既要考虑习题能够反映出特定的学科素养,又要适合学生在习题课中的讨论和实践[①]。

例如,在探究"对数函数"这一知识点时,教师可以在习题课上通过各种练习帮助学生巩固和深化对于对数函数的理解。教师可以设计一系列与对数函数相关的题目,这些题目不仅应覆盖基础知识点,还要引入实际应用场景,使学生在解决具体问题的过程中,加深对对数函数概念的理解和运用。这种方法不仅提高了学生解决数学问题的能力,还激发了他们对数学学习的兴趣,从而有效促进了他们数学核心素养的提升。

例1:求解下面函数的定义域、单调区间以及值域。

(1) $f = log_2(x^2 + 2x + 5)$;

(2) $f = log_3(-x^2 + 4x + 5)$。

例2:设函数 $f(x) = log_2(qx^2 + 2x + 1)$。

(1) 若 $f(x)$ 的定义域是 R,求实数 q 的取值范围;

(2) 若 $f(x)$ 的值域是 R,求实数 q 的取值范围。

上述的例1和例2都属于二次函数和对数函数相结合的问题,这两道题可以有效地帮助学生理解对数函数的知识,并且还可以锻炼学生的数学抽象思维,提高他们的运算和数据分析能力。对于教师而言,在习题课中,应该如何对这两个习题进行选择呢?哪一道例题更适合自己的学生,更适合在课堂中使用?哪一道习题更能突出数学核心素养呢?

对于不同的学生,可能需要选择不同的例题。例1更适合对对数函数知识掌握较差的学生。这类学生已经学习了对数函数的相关知识,知道了 $y = log_a x$ 的定义域和值域分别是什么,再结合初中学习过的二次函数的相关知识,就可以对例1习题进行解答。在求解 $f = log_2(x^2 + 2x + 5)$ 的定义域和值域时,教师应该对学生进行引导,让学生学会把 $x^2 + 2x + 5$ 进行抽

---

① 李庆晖. 基于高中数学学科核心素养下的习题课教学模式初探[J]. 数学学习与研究,2021(2):63-64.

象化，让学生明白 x^2+2x+5 这个整体其实就相当于 $y=log_ax$ 中的 x，这样学生就可以尝试完成解答，并且在这个过程中学生的抽象思维会得到提升。例 2 习题对学生的抽象思维能力要求是比较高的，因为在题干中先是告知了函数 $f(x)=log_2(qx^2+2x+1)$ 的定义域和值域，需要求出实数 q 的取值范围。和例 1 习题相比，例 2 习题需要用到逆向思维，教师可以引导学生将 $f(x)=log_2(qx^2+2x+1)$ 中的 qx^2+2x+1 和 $y=log_ax$ 中的 x 相对应，根据题干中的已知条件结合二次函数的图像进而求解，所以例 2 习题还需要学生有一定的直观想象能力。同时，教师还可以把例 2 习题中的两个小问进行类比，鼓励学生归纳总结出对数函数与二次函数相结合的数学问题的规律，这样可以锻炼学生的逻辑推理能力。

6.4.2 讲解习题

在高中数学习题课的开展中，教师应注重创设具有实际意义的习题情境，将问题融入学生的日常生活、历史背景或者跨学科内容中，这样不仅能丰富习题的内涵，还能增强学生对问题的理解和兴趣。

例如，在讲授高中数列相关知识时，教师可以设计一些与学生生活密切相关的习题，使学生在解决实际问题的过程中学习数学。一个具体例子：芳芳面临毕业并有两个工作选择，甲公司的薪资安排是第一年月薪 4000 元，以后每年月薪增加 430 元；乙公司则提出第一年月薪 4800 元，之后每年月薪增长 5%。学生需要分析芳芳应该如何选择工作。问题设置：（1）如果芳芳选择在甲公司或乙公司工作 n 年，那么她第 n 年的月薪分别是多少？（2）如果芳芳计划在一家公司工作 10 年，那么从薪酬总额来看，她应该选择哪家公司？并简述理由。（3）芳芳在甲公司的月薪超过乙公司时，她能多挣多少钱？并简述理由。

这个问题实际上考查了学生对数列及其求和的理解和应用。要想解决这个贴近生活的问题，学生需要从现实情境中抽象出数学模型，分别利用等差数列和等比数列的知识来构建甲、乙两家公司的工资模型。这样的问题解决过程有助于学生深入理解数列的概念，增强对实际问题的分析能力，提高归纳和逻辑推理的技巧，同时还能培养学生的数学建模意识。

6.4.3 评价习题

在高中数学习题课中，教师对学生解答的习题进行点评是一项至关重要的教学环节。这种点评主要涵盖了习题所涉及的知识点、学生采用的解题策略是否恰当、解题过程中的逻辑思维方式以及需要注意的关键细节等方面。对学生解答的习题进行点评不仅有助于学生归纳和总结知识，还能促使他们进行深入反思，以便更好地理解和吸收习题中的数学概念和原理，从而构建更加系统和完整的数学知识结构。

例如，在讲授关于对数函数的图像变化的习题时，教师可以通过点评帮助学生理解对数函数的基本性质，识别图像变化的规律，并指导学生如何有效运用数学工具解决实际问题。除此之外，教师还可以引导学生进行互评和自评，这不仅能增强学生之间的互动和交流，还能帮助他们培养批判性思维和自我评估能力，进一步提升学生的数学核心素养。这种综合性的教学方法，可以有效提升学生的理论知识水平和数学解题能力。

例如：（1）画出函数 $y=\left|log_2(x-4)\right|+6$ 的图像，并求出该函数的单调区间；（2）怎样移动函数 $y=lnx$ 的图像才可以得到函数 $y=ln\dfrac{x-5}{10}$ 的图像？

对于上述这个例中的问题（1），在进行求解时，教师一定要引导学生对自己的解题思路进行总结，这样有助于学生从中归纳整理出这类函数的重点知识。函数 $y=\left|log_2(x-4)\right|+6$ 是由函数 $y=log_2x$，变成 $y=log_2(x-4)$，再变成 $y=\left|log_2(x-4)\right|$，最后变成 $y=\left|log_2(x-4)\right|+6$，所以教师要注意引导学生发现原型函数 $y=log_2x$。而例子中的问题（2）则是问题（1）的逆向思维，这两个问题属于相辅相成的关系。

在进行高中数学习题教学时，教师应注重培养学生的数学核心素养。选择练习题时，教师需要综合考虑所选习题是否能有效促进学生的数学思维能力提升，是否有利于学生对数学理论的深入理解。在课堂上，教师应创设生动、实际的数学情境，引导学生积极思考，激发他们的学习兴趣。同时，教师应组织学生进行合作学习，采取小组讨论等形式，鼓励学生共同探讨问题，提高他们的审题能力和解题技巧。

教师还应重视对学生的完成习题进行点评和反思。通过点评，教师可以帮助学生发现问题解答中的不足，指导学生如何更加高效地掌握数学概念和解题方法。反思环节则能鼓励学生深入思考所学内容，促使他们从错误中学习，从而逐渐完善自己的数学知识体系。及时的点评和反思不仅可以加深学生对数学理论的理解，还有助于全面提高他们的数学素养和解题能力，为未来的学习和生活打下坚实的基础。

6.5 实验课培养数学核心素养的应用实践

高中数学实验课程的核心在于将计算机作为主要工具，并以数学理论为基础构建实验问题的场景。此课程以数学内容为研究对象，运用数值分析和图形展示的方式，引导学生深入探讨问题和分析案例。这种教学方法旨在引导学生主动并有效地运用数学学习工具，促进双向互动和协作探究，帮助学生发现数学规律，并在此过程中提升他们的逻辑推理、数学计算和数据分析等关键数学素养。[①]

数学核心素养的理念强调学生的自主性、合作性和探究性学习，重视学习过程的重要性。它要求学生参与特定的数学活动，并在特定情境下用观察、实验和推理等活动来探索对象的特征，以及与其他对象的差异和联系。知识的获取不是一个单纯的观察过程，而是一个探究过程。在这个过程中，知识并非被动地存在于观察者的理解之中，而是体现为主体对不确定情景的积极回应。知识是个体主动探究的成果。因此，数学实验课的本质在于教师

---

① 郑鸿翔，王平. 基于核心素养的高中图形计算器数学实验课教学初探 [J]. 湖州师范学院学报，2017（10）：112-116.

为学生创设实验问题情景，鼓励学生亲自动手实践，将传统的静态学习转化为动态的数学探究过程。在这一过程中，学生利用计算机等工具，依据数学理论，将数学内容作为研究对象，用数值分析和图形演示等方式进行实例分析，从而进行教学和学习的探究。

聚焦核心素养，思考学生发展路径。教师在实施生态化课堂时，应重视知识的生成和发展过程，同时尊重学生的认知特点。例如，在研究"双曲线与直线的位置关系"时，学生可由特定情况入手，从图像的直观理解配合代数方程的思考来探索它们的相切关系。运用动态的视角，可以将两者间看似杂乱的位置关系梳理得清晰明了，这不仅降低了学习难度，还提升了学生动手实践和主动探究的热情，课堂成效显著。数学实验课可以有效激发学生的学习热情，提高他们利用特定到普遍、数形结合、分类讨论等数学方法的自觉性，并进一步提高他们的思维严谨性和灵活性。

以学生为中心，反思教学设计。在"双曲线与直线的位置关系"这一数学实验课中，教师引导学生实验操作、问题探究和团队合作的过程，不仅培养了学生的动手能力和细致观察力，还提升了他们的表达能力和数学归纳能力。此外，学生还学会了质疑和独立解决问题，这些都是数学核心素养的重要组成部分。

第 7 章　高中数学六大核心素养的培养策略

7.1 数学核心素养中的数学抽象素养的培养策略

7.1.1 抽象素养的概述

"抽象"这个概念，意味着排除和提取。数学家和哲学家普遍认为，数学的本质即探究抽象事物的过程。数学抽象是数学哲学的基本概念，主要是指从同类数学对象中提炼出共同和本质的特征，同时摒弃非本质特征。这个过程具有数量化、符号化和公式化的特点，这些特点也是学生在学习数学时感到困难的原因。

数学抽象能力对学生至关重要，它是解题的起点，是学生在学习数学过程中必须克服的困难。只有当学生具备一定的数学思维水平和抽象能力时，他们才能够透过题目和生活现象，洞察事物的本质。随着新课程改革的深入，教学目标已从单纯的知识传授转变为探究式学习，这种转变对于学生的发展和培养终身学习的习惯至关重要。

在数学核心素养中，抽象能力被放在首位，这凸显了它的重要性。数学抽象涉及两个主要方面：一是从数量和图形的关系中提炼数学概念和关系；二是从具体背景中提取规律和结构，并使用数学符号和语言来表达。课程标准强调，在形成数学抽象核心素养的过程中，学生应积累从具体到抽象的经验。这要求学生更好地理解数学的概念、命题、方法及体系，并用抽象和概括的方式来认识和理解事物的数学本质。同时，学生还应养成一般性思考问题的习惯，并在其他学科学习中积极运用数学抽象思维。

数学教学的重点应放在学生概念形成的过程上。传统的数学教学侧重于基础知识和基本技能训练，即"双基"教学，以高考成绩作为教学质量的衡量标准，而忽略了数学学习过程本身的重要性。数学学科的抽象性、逻辑性和严谨性要求学生具备较高的数学思维能力和综合能力，这些因素对学生学好数学起着决定性作用。然而，学生常因课业负担重、学习内容抽象而感到数学枯燥无味，这导致他们的学习积极性和主动性下降。新课标要求学生提升构建知识系统的能力，强调主动理解，从而提高抽象概括能力。

7.1.2 不同的数学概念

在教学实践中，针对数学概念，应当细致区分核心和非核心概念。例如，函数这一概念具有奠基性意义，而定义域则仅是一种常规的数学对象名称，两者的内涵和外延截然不同。若过于简化内涵丰富的概念，则会导致学生理解的不充分；相反，过度复杂化简单概念则会增加教学负担。因此，对数学概念进行细致审视，做到合理区分显得尤为重要。

我们可以考察一个概念与其他概念的关联程度及其在数学领域中的贯穿性，并据此将数学概念划分为核心概念和非核心概念。对于学生的数学学习而言，理解数学核心概念至关重要，其价值主要体现在以下几个方面。

第一，它有助于加深学生对数学学科特性的理解。数学核心概念的"核心"意义在于其在数学领域的中心地位。数学概念之间的联系通常表现在两个层面：一是数学知识之间的联系。梳理核心概念和非核心概念之间的关联，学生能更好地理解数学知识的发展脉络，这对于加深其对数学学科特征的认识至关重要。二是数学思想方法。数学的思想方法通常体现在具体的数学概念和这些概念的发展过程中。因此，深入研究数学概念之间的联系，有助于挖掘数学思想方法，进而加深对数学特性的理解。

第二，它有助于完善学生的数学认知结构。数学对学生的认知、思维和创造力等方面的发展起着至关重要的作用，而作用的发挥则依赖学生对数学内容的层次性和条理性的理解，以及对数学概念、原理、思想方法的综合掌握。从整体视角看待数学概念，将其划分为核心和非核心部分，有助于学生构建更有层次、更有条理的认知结构。

第三，它有助于提升学生解决数学综合问题的能力。由于数学核心概念涵盖了广泛的数学内容和思想方法，因此理解这些核心概念有助于学生更好地综合运用数学知识，显著提升解决复杂数学问题的能力。

概念在知识结构中的重要性不容忽视。在哲学中，概念被视为对事物本质特征的脑内映射。简言之，人们在认知过程中将感知对象的本质特征抽象化后形成概念。每个概念都有其定义和适用范围，即内涵和外延。作为数学的基石，数学概念是揭示现实世界的空间形态和数量关系的本质属性的思维形式。数学概念的形成通常有两种情况：一种是直接由现实世界的空间形态或数量关系派生而来的，如几何中的点、线、面概念，算术中的自然数概念等；另一种则是基于现有数学概念进行多层次的抽象和概括而得，如现代数学中的群、环、域等概念。数学概念为学生解析各类数学问题和培养数学思维提供基础。

如何界定数学的核心概念呢？通常，对研究对象的认识需包括其内涵、价值和特征。内涵解释了"是什么"，价值回答了"为什么"，而特征则解释了"如何"。对数学核心概念的理解也应涵盖三个方面：定义、教育价值以及筛选标准。数学核心概念通常被描述为概念体系的中心，与其他概念紧密相关或由其他概念派生。核心概念在数学课程和知识结构中充当"连接点"，而其反映的数学思想方法是连接知识的关键。数学核心概念对提高教学质量、减轻学生负担、促进课程改革都有积极影响，但对其价值的描述往往比较笼统，缺乏具体的分析。

7.1.3 高中数学概念的有关研究

在高中数学教育领域，针对特定概念的专门研究文献众多，涉及函数、算法、线面垂直、古典概率等多个核心概念。这些研究通常集中于对概念的内涵、外延和形成过程的深入探讨。不过，若是研究没有明确指出这些概念的核心性和其在数学学习中的独特地位，那么这些研究可能与普通数学概念的教学没有太大区别。

一些重要的高中数学概念，即使没有被标记为核心概念，也有相关研究，这些研究主要关注数学层面的深入解析，但往往没有对概念的独特性进行足够的比较和分析。高中数学核心概念的教学分析应从概念本身的特性及其与其他概念的关系出发，探索其教育价值，进而以此为标准进行教学分析。数学核心概念教学的效果评价应依据其教学价值的实现程度而定。

近年来，关于数学核心概念的教学研究不多，主要集中在一些课题和硕士论文中。例如，2006年，人民教育出版社组织的课题研究强调了数学核心概念教学设计的重要性，指出应基于分析概念的核心，根据学生的思维发展需求制定教学目标，并对教学过程进行细致设计。相应的教学设计应包括六个环节：内容解析、目标设定、教学问题诊断、教学支持条件分析、教学过程设计和目标检测设计。这些教学设计理念符合新课程标准的精神，做到了让学生经历数学知识的发展过程。需要注意的是，对于这种设计下的教学如何体现数学核心概念的核心性及丰富内涵，仍需深入探讨。在教学过程中，教师应提供核心概念的实例，引导学生进行讨论和观察，共同归纳出概念的本质属性，并给出定义。这种教学程序反映了数学概念学习的普遍规律，但仍需考虑如何突出数学核心概念的核心性和内涵。

7.1.4 抽象素养的提升策略

教师构建恰当的学习情境激发了学生对"发现学习"的兴趣和需求。例如，在介绍对数时，教师不按照课本中的方式直接讲授，而是先讲述对数的历史背景。这样一来，学生便会产生"对数到底是什么？为什么如此重要？"的疑问。此时教师不应立即解答这一疑问，而应引入一个实际的考古问题，进一步激发学生想要了解对数及其应用的迫切心情。这些铺垫使学生对新知识充满渴望，明白了对数和其运算的必要性。这种方法，正如教师们所议论的，是课堂引入的完美示例，既非为引入而引入，又极大地激发了学生的学习兴趣。

教师在传授对数概念时不再局限于传统的讲解方式，转而介绍对数的历史背景，使学生了解数学的文化意义，感受到数学问题的起源，从而认识到数学概念不但源自生活，而且是人类智慧的结晶。接着，教师可以提出马王堆墓葬年代的鉴定问题，不仅为学生留下了一个实践、探索和思考的空间，也使他们意识到数学知识在解决实际问题中的重要性，激发了他们探索数学的热情。最终介绍对数概念时，学生不仅不会感到枯燥，反而带着明确的学习目标，增强了主动探索的动力。

章建跃先生在其文章《中学数学课改的十个论题》中提到，教师应让学生了解概念产生的背景，并亲历其形成过程。数学学习不仅是对一种文化的学习，还可以提升学生的个人能力。这种能力不应局限于解题，而应延伸到使用所学知识解决实际生活中的数学问题。

在概念形成过程中，教师还需引导学生正确表述概念，并理解概念间的联系。近年来，许多教师在谈及数学能力时，都强调数学阅读能力，这在数学学习中极为重要。由于数学概念通常包含大量抽象的文字和符号，故而常常给学生带来理解障碍，许多学生在学习中忽视教材阅读，一遇到稍微复杂的数学题目便无法理解，更别提解题。因此，在学习概念的过程中，教师要引导学生阅读和理解概念，这不仅能让他们感受到概念的精确和严谨，还能强调数学阅读的重要性，提升他们的数学阅读能力。

在概念教学中，教师要注意对比其他数学概念。这些概念的关联，能帮助学生进一步理解新概念，并将其纳入已有的认知结构中，形成完整的概念体系。这不但能加强学生对新概念的理解和记忆，而且能有效应对学生在概念学习中的混淆问题。因此，在教学中适时比较相关概念和易混淆概念，帮助学生厘清知识结构，是不可忽视的。

7.2 数学核心素养中的逻辑推理素养的培养策略

7.2.1 逻辑推理素养的基本内容

在数学的发展历程中，早期的著作《几何原本》等体现了人们如何运用定义、公理和公式的逻辑推理构建起数学体系。爱因斯坦曾提出，欧几里得几何学中形成的逻辑体系和从实验发现因果关系的方法是西方科学的两大基础。这两种方法都基于逻辑推理，涵盖演绎和归纳推理。数学是一门严谨的学科，其发展依赖逻辑推理，数学定理和公式的发现都源自这种思维方式。

在初中阶段，学生的逻辑推理能力开始发展，到高中时期则进入快速提升阶段。因此，高中数学教师需要特别关注培养学生的逻辑推理能力。逻辑推理可分为合情推理和演绎推理，见表7-1。

表7-1 合情推理和演绎推理

类型	包含	特点	作用	区别与联系
合情推理	类比和归纳	归纳推理：从特殊到一般的推理方式 类比推理：在相似属性基础上推断其他可能相似属性	激发学生的创新思维，引导学生探索新问题和解决方案	从特殊到一般，结论与前提之间无必然性联系，注重实用性
演绎推理	三段论、假言推理和选言推理	从一般到特殊的推理方法	通过运用特殊化的论述，从普遍性原则中提炼出具体结论	从一般到特殊，结论是前提正确的必然结果，侧重形式逻辑

新课程标准强调学生必须理解逻辑用语在数学表达和论证中的关键作用并学会运用，以便更准确和有效地表达数学概念。这要求学生能够灵活运用

逻辑知识，对各种命题之间的逻辑关系进行深入分析和推理，以增强与他人进行数学交流的能力。基于这些新标准，高中数学教学应注重以下两大内容领域的探讨。一是常见的逻辑用语：①关于命题的理解；②基础逻辑用语的应用；③量词及命题否定的运用；④各类命题及其相互关系的探索；⑤充分条件和必要条件的区分。二是有关逻辑推理过程的分析：①三段论推理的探讨；②合情推理的应用；③确保思维过程符合逻辑规则。与逻辑用语相比，逻辑推理过程对学生而言更具挑战性，需要进行详细讲解。在逻辑学中，三段论和合情推理是核心内容，它们也是数学区别于其他学科的重要标志。没有逻辑推理，数学的精髓就无从体现，也无法培养学生的推理能力。三段论作为一种有效的推理方式，在日常生活和数学中都有广泛应用。教师在授课时应结合生活实例和教学内容，对这些逻辑概念进行初步介绍，以帮助学生形成对逻辑知识的直观理解，并感受其在数学中的应用。

7.2.2 推理论证能力的结构

在高中数学教学中，推理能力的培养是至关重要的，因为推理是数学思维的核心。推理就是从已知的判断出发，推导出新的判断。在这个过程中，判断的正确性和逻辑性是至关重要的。一个有效的推理需要基于真实的前提，并确保推理过程符合逻辑规律。在教学中，学生应努力掌握牢固的数学基础知识和必要的逻辑知识，并以此来培养和强化推理能力。数学基础知识包括概念、定理和公式，是推理论证的基础。学生必须深入理解这些知识，才能进行有效的推理和判断。而逻辑知识则是推理过程中不可或缺的部分，它能够确保学生在论证过程中避免逻辑错误。

在数学学习中，学生应掌握两种推理方式：合情推理和演绎推理。合情推理主要包括类比和归纳，它是从特殊到一般的推理方式，能够帮助学生根据已知情况推测一般规律。这种推理方式有助于培养学生的创新思维和解决问题的能力。而演绎推理则是从一般到特殊的推理方式，它通常涵盖三段论等形式，能够帮助学生根据已知的普遍原则推导出具体的结论。在教学实践中，教师可以设计具体的数学问题和情境，促使学生运用这两种推理方式进行思考和探索。

推理能力不仅可以用于解决数学问题，还能帮助学生在生活中应用逻辑思维，提高解决问题的能力。教师应重视推理教学，精心设计教学活动和练习，引导学生体验和实践不同的推理方式。如此一来，学生不但能够深化对数学概念的理解，而且能够提高逻辑思维能力和解决问题的能力。总之，推理能力的培养是高中数学教育的一个重要方面，对学生的整体发展具有深远的影响。

7.2.3 培养学生逻辑推理素养的策略

7.2.3.1 克服心理障碍

在高中数学教学中，推理能力的培养对学生的学习成效具有显著影响。然而，心理障碍会影响学生对数学推理的兴趣和认识。调查显示，部分学生对数学推理缺乏兴趣，认为它对数学学习无益，甚至会阻碍学习进度。有些学生对推理的认识模糊，缺乏学习动力，面对复杂问题时易选择放弃，不愿尝试解决。因此，教师需要采取措施帮助学生克服这些心理障碍。

首先，培养学生对数学的兴趣至关重要。教师应树立正确的学生观，认识到学生具有巨大潜力和自主性。教师在教学中应充分利用多媒体资源，用生动的教学内容，如数学历史和名人事例，增加教学趣味性，激发学生的学习热情。教师要让学生在数学学习中体验成就感和愉悦感，逐步培养其对数学的兴趣和学习的信心。

其次，教师应帮助学生正确认识推理能力的重要性。数学推理不但存在于课本中，而且贯穿数学学习的各个领域。例如，函数性质中的演绎推理、复合函数解析式的归纳推理、类比推理与数学归纳法等，都体现了推理能力的应用。学生只有认识到数学推理的重要性，才能主动提高自己的推理能力。

最后，教师需要强调扎实的数学基础对推理能力提升的重要性。数学基础知识和推理能力相辅相成,扎实的数学基础知识有助于提升推理能力,良好的推理能力也能加强对数学知识的理解和应用。因此,教师应通过有针对性的教学方法,强化学生的数学基础知识,为其推理能力的提升打下坚实的基础。

在教学中,教师应注重培养学生的合情推理和演绎推理能力。这两种推理能力的培养能够促进学生在数学学习中深入理解知识和发展创新思维。推理与判断紧密相连,推理是判断的过程,判断则是推理的结果。一个正确的推理过程需要基于真实的前提,并且遵循思维规律。学生想要进行正确的推理就需要具备牢固的数学基础知识、必要的逻辑知识、提出猜想的能力以及灵活运用各种证明技巧的能力。此外,教师在教学中应重视逻辑用语和推理过程的教学。逻辑用语包括命题、逻辑关系、量词及否定、命题种类及关系、充分必要条件等。推理过程则涉及三段论推理、合情推理等,其难度较高,需要教师进行细致讲解。

7.2.3.2 明确目标

在高中数学教学中,逻辑推理能力的培养应贯穿整个教学过程,且因年级的不同而有所侧重。调查显示,高一学生的归纳推理与类比推理能力发展得较为均衡,但到了高二和高三,这些能力相对下降,而演绎推理能力则得到了提升。在高二和高三阶段,学生在综合运用演绎推理和类比推理方面表现更为出色。目前的高中数学课程和教学活动重视对学生的演绎推理能力进行培养,却并不重视培养他们的合情推理能力,忽视了合情推理培养学生的创新精神和实践能力的关键作用。

对于高一学生而言,他们刚刚接触高中数学,可能对抽象和复杂的数学知识感到不适应。教师应当重视维护学生的合情推理能力,并积极发展他们的演绎推理能力。通过合情推理,学生能够增强对自身学习的认可,提升自我效能感和学习动机。然而,合情推理有其局限性,教师需要适时引入演绎推理,提高数学学科的逻辑性。高一学生应在已有的良好合情推理能力的基础上,更好地发展演绎推理能力,并注意对两者的综合运用。进入高二和高三阶段，学生逻辑推理能力的培养应更加重视演绎推理，同时不忽视合情推理。逻辑推理不仅在数学学习中起到核心作用，而且是在合情推理的基础上进一步发展的。因此，教师应促进这两种推理能力的共同发展，以丰富学生的数学学习体验。高二和高三学生的学习水平出现明显分化，一些学生面对复杂题目时容易放弃，缺乏探索和求助的意愿。这就要求教师根据学生的特点进行个性化教学，发现学生的薄弱环节，并有针对性地进行辅导。教师应采取个别问题个别辅导和普遍问题课上指导的方式，确保每位学生都能得到适当的关注和帮助，避免学生在学习过程中落后。

7.2.3.3 关注学生群体差异

研究表明，女生在推理能力上的表现虽然整体略逊于男生，但差异并不显著。女生对推理的理解清晰，仅在理性思维方面稍显不足。因此，教师在教学中应关注这些群体差异，采取适当的教学方法，促进学生的全面发展，同时保持对学生的平等态度。

相关数据分析指出，高三学生的推理能力通常高于高一和高二学生。产生这种现象的部分原因是高一学生刚开始接触高中数学，尚未建立起完整的知识体系，尤其是在演绎推理方面。因此，高一是培养演绎推理能力的关键时期，同时不能忽视合情推理能力的提升。高三学生虽然在推理能力上优于其他年级学生，但是数据显示其推理能力的离散性较大。这表明一些高三学生可能在学习过程中没有充分运用数学推理能力，甚至出现了逃避问题的倾向，从侧面反映了教师在某些方面忽略了对学生推理能力的培养。

高中生具有活跃的思维和丰富的想象力，他们在学习过程中愿意尝试和探索，教师应利用这些特点，鼓励学生超越教材，提出自己的猜想。在这个过程中，教师应对学生正确的猜想给予肯定，对基于合情推理得出的错误猜想也应予以鼓励，留给学生探索和尝试的空间。这种方法可以引导学生在合情推理的基础上发展演绎推理能力，强化对数学思维的训练，并逐步提高他们的综合推理能力。高中数学教育应注重培养学生的推理能力，使其在高中阶段达到均衡发展。合情推理能力在高中阶段有很大的提升空间，而演绎推理能力随着知识体系的不断完善在高中后期也能实现快速提升。教师应细致观察学生的日常学习，将推理能力的培养长期融入教学的各个环节，确保不错过提升学生推理能力的良机。

7.2.3.4 提高对推理能力的认识

推理能力已被列入数学选修内容，但在高考和升学率的现实压力下，其培养目标尚未得到充分实现。学校应要求教师转变传统观念，提升对数学推理能力的重视程度。建议学校组织教师进行培训，邀请专家学者指导，使教师深入学习和探讨课标中数学核心素养及推理部分，增进教师对新知识的理解和掌握。教师作为教学的直接实践者，对新知识的理解程度将直接影响学生的学习。因此，教师需要先成为学习者和研究者，再将所学知识应用于教学实践中。

教师不应将高考成绩作为衡量学生学习效果的唯一标准。数学推理不仅局限于选修教材中的"推理与证明"章节，还应贯穿向量、立体几何、代数等数学领域。特别是在"统计与概率"中，教师应从单纯的技巧掌握转向合情推理能力的培养，避免仅关注高考分数，应鼓励学生主动探索知识，引导他们深入理解数学本质。教师应创新教学方法，从单纯的知识传授转向能力培养，放弃以高考分数为导向的教育观念。能力培养是一个长期过程，短期内可能看不到明显效果，但有了推理思维的培养，学生将能真正理解数学学习的本质，并形成核心素养。

由于同一年级学生在推理能力上存在差异，教师需根据学生的数学基础、学习态度和能力采用差异化的教学方法。对基础较弱但有一定推理能力的学生，重点在于引导其发现问题本质；对推理能力和抽象思维较强的学生，则可提出更高要求以激发他们的兴趣和潜力。教师要尝试根据学生的推理能力发展阶段和个体差异进行分层教学，为学生创造更适合的学习环境。这不仅有助于学生推理能力的提升，还有助于提高教学效率。在探索分层教学的过程中，学校和教师需转变观念，将推理能力培养融入学生的常规学习，敢于尝试，适时调整和完善方法。在日常教学中，教师要鼓励学生提出假设，打破教材和考点限制，先进行合情推理，随后进行严谨的证明，发展演绎推理能力，做到因材施教，让不同水平的学生都能形成良好的思维习惯。

7.2.4 教学反思

在高中数学教学中，引导学生体验逻辑推导能力是至关重要的。这种体验主要围绕"猜想与验证"的数学思想方法展开。教师需要引导学生懂得"实验探究—猜想—验证—归纳"的逻辑推理过程，让学生在亲身体验中不仅能获得数学知识，还能掌握获取这些知识的思维方法，即猜想验证法。这样的学习过程有助于提高学生主动探索和获取知识的能力，同时能够增强他们对数学学习的信心。

培养学生的数学反思习惯同样重要。这不仅需要教师的指导，还需要学生全面参与并亲身体验。例如，采用写数学周记的方式，学生可以记录课堂上的反思和解题后的思考，从而增加问题解答的深度和广度。数学反思包括对课堂教学的思考、捕捉并反思重要问题，以及对解题方法和结论的检验和质疑。例如，学生可以探究同一问题是否存在其他解法、是否可以将当前解法推广到其他问题的解答上，以及如何提高问题的完备性和结论的精确性。有了这样的反思，学生能够深入理解数学知识，并在实际应用中发挥其创新性和批判性思维能力。

7.3 数学核心素养中的数学建模素养的培养策略

7.3.1 建模能力的提出背景

随着人工智能的迅速发展，数学成为其他学科的基石，其在建模领域的应用也变得越发重要。因此，增强学生的建模能力已成为新一轮教育改革的核心内容。国家和社会也高度重视培养高中生的建模能力，举办各类建模竞赛以提高学生建模水平。早在20世纪90年代初，相关的数学课程改革研讨会便已经强调，学生应学会独立分析生活中的实际情境并将其构建成数学模型，然后通过求解得到相应答案，这种方法有效地增强了学生运用数学知识解决实际问题的能力。2003年，我国的课程标准明确要求在高中阶段组织数学建模活动，培养学生的建模能力，这彰显了数学建模能力的重要性。

7.3.1.1 我国数学建模教学现状

我国数学建模教学始于高校，逐渐普及至高中。上海市于1991年率先举办"金桥杯"中学数学应用竞赛，随后北京于1993年举办了"方正杯"数学竞赛。随着对数学建模重视程度的提升，越来越多的地区加入了数学建模教学的行列。到了2016年，教育部正式启动了"登峰杯"全国中学生数学建模竞赛，这个竞赛主要考查高中生对开放性问题的建模与解决能力。近年来，高考试题中也逐渐增加了考核学生建模能力的内容，这一变化引起了广大高中数学教师的关注。

数学竞赛已经开始对学生产生显著影响，它是素质教育的一部分，有效地促进了数学教学的革新。传统的题海战术已被数学建模教学所取代，后者鼓励学生将现实问题转化为数学问题。高考试题中引入的建模思维也在推动高中数学教学的改革。高中数学建模竞赛要求学生具备全面的知识体系。在竞赛时，学生需要在小组内进行思维碰撞，共同研究并解决问题，这不但要求他们具备高度的综合能力，而且能够体现数学文化，为学生提供自主学习的机会。在解决实际问题的过程中，学生能深刻体会到数学的应用价值，从而增强其运用数学知识的意识。建模训练能培养学生的团队协作、创新和学习能力，这些能力在高中阶段尤其需要加强。

中国的数学教育虽然已经为学生打下了坚实的基础，但是这还不够。进入人工智能和大数据时代后，数学与计算机的结合可以创造巨大的经济价值，这为数学的发展指明了方向。现代社会需要运用数学方法来解决气象、股票、信贷和环保等领域的问题。因此，进行数学建模的教学非常符合当前社会的需求。值得注意的是，新的课程标准中包含了许多数学建模素材，教师需要关注这些问题，充分利用课堂教学来培养学生的建模意识，提升他们的建模能力，从而使每个学生都能形成创新思维。

7.3.2 建模能力的含义

数学建模是一个对日常问题进行分析，剥离非关键因素，保留核心因素，并用数学语言（如符号、公式、图表等）来描述这些核心因素的过程。将生活中的常见问题运用合适的数学工具和方法，创建成抽象和简化的数学模型，并将其运用于实际问题的分析和解决，便被称为数学建模。虽然数学建模与应用题有一定联系，但它们之间存在显著差异，主要体现在四个方面：一是问题所提供的前提条件的充分性不同；二是解决问题过程是否需要进行假设；三是问题的复杂性不同；四是解决问题的形式各异。数学建模能力是指个体运用数学知识解决实际问题的能力，它是评估一个学生综合能力的重要指标。数学建模能力涉及对问题进行数学化处理、构建合适的数学模型并对该模型进行求解、将解决方案应用回原问题进行验证、最终解决问题或提供解释的能力。

数学建模能力的构成要素涉及学生在整个建模流程中展现的各项能力。首先，阅读理解能力在数学建模中尤为重要。它指的是学生能够在文字描述和数学表达之间有效转换，理解数学问题的深层含义和应用范围。数学建模题目通常涉及复杂的实际问题，这些问题往往不包含明确的数学关系，学生需要仔细阅读并理解题干，进而从中提取重要数据和关系，因此阅读理解能力直接影响解题过程的有效性。其次，数学应用意识是关键。它指的是学生在面对现实问题时，自然而然地考虑运用数学知识、方法和思维的倾向。这种意识使学生能够在日常生活中灵活运用数学工具来解决问题。再次，分析和逻辑推理能力也很重要。在建模过程中，学生必须具备敏锐的观察力和分析力，能迅速把握问题的核心，并将复杂问题分解为简单的子问题，进而做出准确的解答。最后，创新和发散思维能力同样重要。面对实际问题时，学生需要基于已有经验和题目信息，运用所掌握的知识，展开想象力，探索解决问题的创新方法。这种思维方式有助于学生在建模过程中发掘新的解决方案，提高创新能力。

7.3.3 数学建模的正向意义

数学建模激发了学生对于数学的兴趣。这主要是因为数学建模将抽象的数学理论应用于实际生活问题，使学生能够直观感受到数学的实用性和趣味性。例如，人口增长模型、路径优化问题等，都与实际生活紧密相关，能引起学生的好奇心和探索欲望。通过解答这些问题，学生不仅能够加深对数学重要性的理解，还会更积极主动地学习数学。

数学建模可以激发学生的创造性思维。大部分学生认为数学建模能够激发他们的创造欲。数学建模问题通常具有高度开放性，不同的假设可能产生不同的解决方案，这为学生提供了广阔的创造空间。学生可以在这些问题中自由发挥，从而感受到创造的乐趣，并在实践中提升创新能力。

数学建模可以加强对学生形象思维能力的培养。某些数学建模问题可以运用代数或图形方法解决，但许多学生倾向于使用代数方法，这表明学生在数形结合思维方面还需加强。而数学建模中的某些问题，如股票涨幅分析或人口变化预测等，需要学生从图表中获取信息，这正好是提高学生形象思维能力的良机。在进行数学建模时，学生能够在解决实际问题的过程中锻炼和发展他们的创造性思维。

7.3.4 数学建模能力的提升策略

在新课程标准的指引下，提升高中生的数学建模能力成为一个关键任务。这需要将数学建模深度融合到整体的高中数学教学中，形成持久且系统的教学模式。以下是几个提升学生数学建模能力的关键策略。

7.3.4.1 教材引导教学改革

新课程标准要求数学建模问题应与学生的实际生活和科研实践相结合。在教学中，学生应经历解决实际问题的全过程，体验数学的实际应用价值。而教师应安排至少一次数学建模活动，将教材内容与生活紧密结合。不过，这在实际教学中存在诸多挑战，如缺乏专门的建模课时和内容、教师对建模概念理解不足以及缺乏完善的评价体系等。

7.3.4.2 强化课堂教学，培养建模意识

新课改强调学生应具备应用数学模型解决实际问题的能力，这需要教师更新教学思想，将数学建模理论融入教学内容。同时，教师应研究如何将数学建模思维融入教材，培养学生的创新意识和实践能力。

7.3.4.3 重视概念教学

数学概念理解是学生掌握数学知识的基础。教师需从概念的历史和演变讲起，帮助学生理解概念的形成过程和内在联系。教师应以生动的实例和视频展示，使抽象概念具象化，如利用细胞分裂、折扣销售等现实问题教授等比数列，运用三角函数解释物理运动、血压变化等，以此培养学生的建模能力。

7.3.4.4 增强个体阅读能力

高中数学题目往往包含文字、图形和数学符号，这要求学生具备良好的阅读和解析能力。教师应使用具体案例和策略培养学生的阅读理解能力，帮助他们找到解决问题的逻辑思维方法。

7.3.4.5 结合传统模型与现实问题

教师要将教材中的数学模型与实际生活结合，如通过贷款计算、信号塔覆盖等问题，引导学生在熟悉的环境下学习和应用数学建模方法。

7.3.4.6 强化跨学科联系

数学与物理、生物、医学等学科紧密相连，教师应利用这些联系深化数学建模教学，如将数学应用于生物学的种群增长模型，提高学生对数学建模应用的理解。

7.3.4.7 激发学生兴趣

教师应利用数学建模讲座、竞赛和小组活动来提升学生对数学建模的兴趣，同时鼓励他们订阅相关材料、参与竞赛，以此提高他们的逻辑思维和推理能力，全面提高个人素养。

7.3.5 数学建模教学的注意事项

教师在教学时应侧重于培养学生的建模思维，而非依赖应用已知公式解题。鉴于新课程标准中缺少专门的建模教学内容，教师需要主动从日常生活中挑选合适的题目进行教学。这些题目应具有代表性和实际意义，而不只是难度大。例如，教师可以选择银行存款利息计算、宾馆电路设计等实际问题作为教学案例。

数学建模题目应该具有明显的层次性。在设计教学时，重要的是让学生共同参与和体验。教师应选择具有明确层次的建模题目，分析不同的解题方法，以此来提高题目的教学价值。

数学建模的教学应与数学教材内容紧密结合。在日常教学中，建模教学应与教材内容相融合，以促进学生数学思维的发展。例如，教师在教授数列时，可以引入递归思想，并在讲解斐波那契数列时结合蜂房问题。在完成数列相关内容的讲解后进行建模教学活动，可以加深学生对概念的理解和应用。

7.4 数学核心素养中的直观想象素养的培养策略

7.4.1 直观想象素养的提出背景

随着科技的飞速发展，数学作为基础学科的地位越发显著，同时迎来了数学教育的新挑战。新的数学课程标准强调了高中生的空间观念、数感、应用意识、符号感、推理能力及统计观念的发展。这些隐性的数学素养在教学中逐渐成为主导，它们在课程体系中相互交织，不能单独提取某一方面进行强化。例如，几何提升推理能力的作用是显而易见的，而统计和代数等同样能培养推理能力。空间观念、数感、符号感等的培养更加抽象，需要学生具备较强的直观能力。新课程标准还特别强调了学生的估算和口算能力，提倡解题过程的多样化，并要求学生理解数学证明的基本过程，这都有助于培养学生的直观性思维。合理运用直观教学策略在高中数学教学中具有重要意义。

从数学素质培养的角度看，数学文化对人类思维的发展具有深远影响。数学直观通常被应用于各个学科领域，激发了人们的想象力。直观易于被人接受，因此"演示是最佳的教学方式"。同时，发现问题在生产过程中往往比解决问题更重要，直观性思维是探索问题的关键方法。直观在数学学习中占有极其重要的地位。缺乏直观性，学生面对枯燥、抽象的数学知识往往会感到困惑，难以培养数学应用能力。因此，直观性不仅对学生学习数学至关重要，对科学家而言也是不可或缺的。逻辑确保问题解决的可靠性，而直观则是创新的基础。从历史的角度看，数学的发展过程是从直观到抽象、从松散到严密的过程。直观性是数学家解析问题的基础，也是思维过程的起点。要让学生体验数学创造的乐趣，就需让他们直观感受数学思维的发展。

7.4.2　直观想象素养的内涵

直观想象能力在人的感性认知中扮演重要角色，涵盖感知、思维、想象和记忆等要素。这种感性认知为人们理解事物的本质提供基础，丰富的感性知识有助于深化人们对事物原理的理解。直观不只限于视觉，而是使用所有感觉器官全面、有效、生动地掌握事物的方法。

直观可分为实物直观、模象直观和语言直观三种。实物直观依靠直接感知事物进行，其优点在于紧密联系实物，激发学习兴趣，但难以独立揭示事物的本质。模象直观则利用实物的模拟形象进行感知，能突出本质特征，增强直观效果，但与实物存在差距。语言直观则通过形象化语言描述进行，不受时间和空间限制，但缺乏实物直观和模象直观的稳定性和完整性。

数学直观是数学教学中特有的直观形式，其特点在于数学概念的直观性和本质性。数学直观分为几何直观、符号直观和模型直观。几何直观依赖几何图像来理解和解决问题，如方程求解或函数图像。符号直观则利用已掌握的概念来理解未掌握的概念，如高中数学中的积分号概念。模型直观则引入现实案例来体现数学概念的本质，如实际生活中的加法交换律。

直观教学在国外和国内历史上均受重视。夸美纽斯、福禄贝尔、乌申斯基等国外教育家对直观教学理论作出了重要贡献。中国古代教育家，如孔子、荀况、孟子也强调了直观在教学中的重要性。近代中国教育学家，如徐立治、张广厚等，也深入研究了数学直观教学，强调直观与数学抽象思维的结合。

直观教学作为一种教育方法，在发展学生的直观想象能力、提升学生的数学素养等方面具有重要作用。它不仅可以帮助学生理解抽象数学概念，还可以激发学生的学习兴趣和创造力。在数学教学中，直观方法是一种辅助手段，用于培养学生合理推理的能力，丰富学生的数学体验。这种教学方法的应用反映了数学教育中对学生直观想象能力的重视，对学生全面发展和创新思维培养具有积极作用。

7.4.3 提升直观想象素养的教学策略

学生对立体几何知识的掌握和他们的空间想象能力是几何教学的关键。教师应有意识地使用多种方式发展学生的空间观念，并促进他们对知识的理解和掌握。这样的教学方法对于逐步培养和提高学生的抽象思维能力起着至关重要的作用。提升直观想象素养的教学策略包括以下几种。

7.4.3.1 加强几何教学与实际的联系

空间观念的形成基于对现实世界的直观感知与认识。因此，教师应强化立体几何教学与现实世界的联系，帮助学生将实际空间与抽象几何概念结合起来。例如，教师可以通过对金字塔的描述唤起学生的空间想象力，通过观察棱锥模型让学生对棱锥的整体形象有清晰的认识。此外，教师应重视几何知识在现实生活中的应用，开展动手操作实践活动培养学生的空间观念。

7.4.3.2 重视空间图形及其相互关系的基础知识和基本技能教学

理解和掌握基础知识有助于学生在头脑中形成有关的空间形式，并准确地将其表述出来。教师在教授概念、定理和公理时，应按照认识规律和空间想象能力的形成规律进行教学，如使用多种位置的直线、斜线及射影的画法来讲解三垂线定理，这有助于培养学生的空间想象能力。

7.4.3.3 引导学生掌握立体图形的画法

教师应教授学生正确的空间图形画法规则，确保学生能够正确理解和想象图形所表达的空间形体。例如，区分平面图形和空间图形的虚实线规则，指导学生从最常见的基本几何体开始练习画直观图。这些训练让学生能够逐步摆脱对直观模型的依赖，提高空间想象能力。

7.4.3.4 培养学生的转化思想

转化思想主要体现在三个方面：文字、图形、符号语言的互相转化；空间与平面问题的转化；线、面间关系的转化。例如，文字描述的定理需要转化为图形和符号语言，而空间问题常通过转化为平面问题进行解决，如异面直线夹角的求解问题。同样，"面面垂直"可转化为"线面垂直"，再转化为"线线垂直"，通过这样的练习可以提高学生的转化能力和空间想象能力。

7.4.3.5 多媒体教学

通过动画情境，如将正方体变换成正三棱锥的演示过程，学生能够直观地理解问题，并自主寻找解决方法。多媒体教学不仅省力，还增大了课堂容量，加强了知识间的连贯性，使学生更容易理解和吸收知识。

7.4.3.6 鼓励学生进行反思，以优化其思维品质

立体几何与平面几何虽有联系，但也存在明显区别。例如，在平面几何中成立的定理可能在立体几何中不适用。因此，教师应引导学生反思平面几何的经验，并正确应用于立体几何。

立体几何的教学不仅包括知识的传授，还包括通过各种教学方法和技巧，如多媒体教学和思维转化，提高学生的空间想象能力和逻辑思维能力。教师应合理利用这些策略，激发学生的兴趣，同时培养他们解决复杂几何问题的能力。

7.5 数学核心素养中的数学运算素养的培养策略

7.5.1 数学运算素养的提出背景与现状

在高中数学教学中，学生的运算素养是基本的数学能力，也是其他能力发展的基础。20世纪的国家教学大纲就强调了培养学生的准确快速计算能力的重要性，而新课标则侧重于对学生能力的全面考查，显然包括运算能

力。时代的发展使得国家和社会对学生运算能力的重视程度不断提升，并对此展开深入全面的研究。

在教学实践中，存在着运算素养培养的一些误区。一些教师和学生重视结果而忽视过程，注重解题速度却忽视效率，这不仅影响学生运算素养的发展，也不符合现代学生数学能力的要求。教材版本的变化虽然影响了基础知识，但是对学生数学计算能力的要求始终未变，这反映出其重要性。在数学学习方法上，一些学生只是机械地应用公式和定理，而忽视题目背景，导致运算过程烦琐且易错。有的教师和学生对运算能力内涵的理解不足，常将错误归咎于非认知因素，如"粗心""马虎"，忽视了对运算过程的合理性和简洁性的重视，导致部分学生的运算能力较弱，解决问题时显得力不从心，且在高考中运算问题成为学生升学的重大阻碍。

学生运算素养不足主要有两方面原因：一是数学学习方法的问题，如忽视知识储备、基础较差和缺少对数学思想方法的总结；二是数学学习过程中的问题，如对概念理解不清、记不住公式、数据处理能力差、审题不仔细、表达能力差、个人运算习惯差，以及心理素质问题等。运算能力是数学能力中最基础、应用最广泛的一种能力，关系到学生做题的成败。它不但是思维能力和运算技能的结合，而且包括对数字的计算、估值和近似计算，对式子的组合变形与分解变形，对几何图形的计算求解等。学生的运算素养涵盖了分析运算条件、探究运算方向、选择运算程序等一系列过程中的思维能力，以及在实施运算过程中因遇到障碍而调整运算的能力。

在计算技能方面，运算素养体现为记忆和准确应用数学公式和法则、进行数学计算的速度和合理性、查表和使用计算器的能力。而在逻辑思维方面，它体现在合理使用数学公式和法则、选择合理简单的运算方法、自我纠错、简化运算过程，以及个人的心算、速算、估算水平上。高中生的数学运算素养不仅关系到学习成效和考试表现，还是其逻辑思维和解题技能的体现。因此，加强学生数学运算素养的培养，是高中数学教育中的一项重要任务。

7.5.2 数学运算素养的概念

数学运算素养是解决数学问题的核心部分，关乎学生对数学概念、法则、公式的应用和数据处理，关系到学生的运算能力。数学运算不仅是公式的基本操作，还是在运算过程中合理、简单又正确地完成数学任务的心理过程。数学运算素养涵盖了理解题目信息、应用数学概念、选择合适运算方法及简化运算过程等多个方面，均要求学生运用数学思维进行数据预估，进而快速且精准地得出结果。

数学运算素养的组成要素包括深入分析题目信息，正确运用概念、公式和定理进行计算，选择合理的运算方法，简化运算过程以及运用数学思维五个方面。在解题时，学生需从题目中提取明确及隐含信息，进而使用学过的数学知识，恰当选择解题方法，精简计算步骤，最终运用数学思维进行明确解答。

数学运算素养的高低直接影响学生的学习主动性和兴趣。运算能力较低的学生在遇到难题时往往会产生挫败感，从而降低学习兴趣。同时，运算能力会影响解题速度，进而影响学习效率和成绩。运算能力强的学生能快速完成任务，而运算能力较弱的学生则需花费更多时间，从而影响学习进度。此外，运算能力还影响课堂学习氛围。运算能力弱的学生可能跟不上授课节奏，会影响课堂教学效果，甚至影响整体学习环境。

数学运算能力不仅关系到个别学生的学习效果，也影响整个教学过程和学习氛围。因此，提升学生的数学运算能力，对于提高学习效率、激发学习兴趣，乃至提高整体教学质量都具有重要意义。教师应重视这一能力的培养，通过多种教学方法和练习，帮助学生在理解、应用数学概念和技能方面取得进步，从而提升他们的数学运算能力。

7.5.3 提升数学运算素养的教学策略

在高中数学教学中，重视基础知识的掌握和运算技能的提升至关重要。

高中数学教材不仅是学生形成知识体系的基石，也是提升学生运算素养的关键。因此，教师应深入熟悉教材内容，适当补充繁难的知识点，同时解决初高中数学的衔接问题。学生对数学概念、公式、定理的掌握程度直接影响其运算速度和准确性。对于部分学生存在机械记忆公式导致运算效率低下的问题，教师可以通过创造性的教学方法，如口诀和归纳，帮助学生简化记忆，提高解题效率。

运用一题多解和多题一解的教学方法，教师可以培养学生的灵活数学思维，拓宽他们的学习视野。同时，在教学过程中渗透数学思想也至关重要。教师应重视解题过程的优化，帮助学生理解数学的定律和性质，从而提升他们的推理能力和解题技巧。

非智力因素，如学生的学习兴趣、情感态度、个性品质等，同样会对数学学习产生重大影响。教师应重视这些因素，运用情境教学法激发学生的学习兴趣，创设互动课堂氛围，提高学生的创新能力和学习动力。强化运算训练是提高学生运算能力的有效方式。教师需设计针对性强、多样化的练习题，强调运算的高质量和高效率，提高学生的心算、笔算和估算能力。此外，对运算进行反思也是提高运算能力的重要环节。学生应学会分析运算错误出现的原因，理解运算的逻辑，检验运算结果的正确性和实用性。

高中数学教育应注重基础知识的传授和运算能力的培养，同时关注非智力因素对学习的影响，并通过有效的教学方法和反思机制，提高学生的数学运算能力和学习效率。教师在教学中要不断创新，引导学生发现和总结运算方法与技巧，为他们日后的数学学习打下坚实基础。

7.6 数学核心素养中的数据分析素养的培养策略

7.6.1 专注于事件本质，学习简化计算方法

数据分析核心素养的本质在于提高学生对数字信息的洞察力，使其能在看似杂乱无章的数据中发现关键线索，进而形成基本的数据分析能力。因此，在实际教学中，教师可以引导学生从事件分析的角度出发，培育其归纳和总结数据的技能，从而加强学生对数值信息的敏感度和理解深度。

以具体习题为例，现有甲、乙两名学生进行"数字猜谜"游戏，游戏规则为：甲在脑海中从数字 1，2，3 中随机选择一个，乙猜测甲想到的数字，我们把甲选择的数字记为 a，把乙猜测的数字记为 b，当 $|a-b|\leqslant 1$ 时算乙胜利，否则胜利者为甲。现在请计算出乙的获胜概率为多少。

分析：对于一些学生而言，在解决这道习题时会下意识地根据题目描述进行求解，先分别列出 a，b 存在的所有数字可能，接着一一进行尝试。众所周知，数学核心素养不但强调数学运算，而且强调数据分析。因此，教师应该引导学生发现本题中"乙获胜"和"甲获胜"这两个事件是互斥事件，甲、乙两人没有平局的可能，这样就可以先计算甲获胜的概率，进而更快速地得到乙获胜的概率。对于这道习题的讲解，教师的重点是要引导学生学会分析事件性质，从而得到更简单的解题思路，同时提升学生的数据分析数学核心素养。

7.6.2 结合生活实际

高中数学课程，特别是"概率与统计"这一部分，涵盖了众多复杂的知识点，且这些知识点各自对应着现实生活中的不同场景。根据高中数学的核

心素养要求，学生应该能够从实际应用的视角出发，去理解数据的内涵，并利用这些数据解决实际问题。因此，教师可以结合生活中的实例，为学生设计一些与数据分析相关的练习题，这不仅有助于学生灵活地应用所学知识解决问题，还能培养他们分析具体信息的能力。

以具体习题为例，小明所在的班级需要选择一名代表参加学校的跳绳比赛，经过选拔后，已知小明和小刚两人都会跳绳，两人的跳绳水平见表7-2。

表 7-2　小明、小刚两人 15 次跳绳每次跳绳的个数

小明	755，752，757，744，743，729，721，731，778，768，761，773，764，736，741
小刚	729，767，744，750，745，753，745，752，769，743，760，755，748，752，747

对表 7-2 中小明和小刚两人的跳绳成绩进行数据分析，可以发现两人的成绩是比较接近的，需要对两人的成绩稳定性进行对比，然后选出稳定性更好的学生。这时就可以计算两人成绩的数据方差，方差更小的那个人跳绳成绩更稳定。

数据分析能力可以帮助学生利用不同的数据和图表来提取具体信息，即培养学生理解和"解读"数学语言的关键技能。这使得数学运算不再是简单的数量计算，而是一种有效的信息传递方法。因此，在培养核心素养的过程中，教师应当注重加强对学生数据分析能力的培养，使他们能够通过不同的图表和数据来获取相关信息。

第 8 章　核心素养导向的高效数学教学评估与改进

8.1　核心素养在数学教学评估中的角色定位

8.1.1　核心素养是教学评估的重点

在高中数学教学中，核心素养的培养是一个至关重要的目标。而教学评估在这一过程中扮演着关键角色，它不仅可以帮助教师了解教学活动的有效性，还为学生提供了关于他们学习进展的反馈。评估的核心目的是确保教学活动能有效促进学生的全面发展，特别是在提升他们的核心素养方面。

教学评估的重要性体现在它对教学调整和学生学习进展的双重影响上。通过评估，教师可以获得关于学生在数学核心素养方面的具体表现的信息，如数学思维、问题解决能力和逻辑推理能力的发展程度。这些信息对于教师来说至关重要，因为它们可以用来指导未来的教学计划和策略的调整和选择。例如，如果评估结果显示学生在某一核心素养方面表现不佳，教师可以调整教学方法或增加该方面的教学重点。同样，评估也为学生提供了反馈，可以帮助他们了解自己的学习状态和进步空间，帮助其在学习过程中进行自我调整和提升。

教学评估的有效性取决于其能否全面和准确地捕捉学生在各个核心素养方面的表现。传统的笔试和口试虽然能够评估学生的知识水平和基础技能的掌握情况，但是无法完全反映学生在更复杂的思维过程和创新解决问题能力方面的表现。因此，教师需要采用更为多元化的评估方法，如项目作业、小组讨论、案例分析和自我评估等，对学生进行更为全面的评估。这些方法不仅能够更全面地评估学生各个核心素养的发展，还能够激发学生的积极性和自主学习意愿。

对于高中数学教学而言，将核心素养融入评估体系是一项挑战，但也是提升教学质量的关键步骤。在实施核心素养教学评估过程中，教师需要认识到传统的以结果为导向的评估方法可能无法完全衡量学生在核心素养方面的成长。因此，评估的重点应放在学生的思考过程、策略选择和解决问题的方法上。这种评估方法更侧重于学生如何思考、如何应用所学知识来解决实际问题，以及他们在学习过程中的参与和反思。

在具体实施上，教师可以通过开放式问题和项目任务促进学生核心素养的发展，并据此进行评估。例如，教师可以设置真实世界的数学问题，要求学生应用所学的数学知识和技能来找到解决方案。这样的任务不仅能够检验学生对数学知识的掌握情况，还能够考验他们的创新思维和应用能力。运用这种方式，教师能够更全面地评估学生的核心素养，而不仅仅是评估他们的记忆能力和计算技巧。教师还应鼓励学生进行自我评估和反思。自我评估是帮助学生发展核心素养的有效工具，它鼓励学生对自己的学习过程和成果进行深入思考。教师可以引导学生定期回顾和评价自己的学习，让学生意识到自己哪些方面做得好，哪些方面需要改进。这种自我评估的过程不仅促进了学生的自主学习，还增强了他们的自我监控和调整能力。

实施教学评估也面临一定的挑战。例如，开放式问题和项目任务的设计与评价标准设定需要教师具有较高的专业能力和创新思维。此外，如何确保评估的公正性和客观性，以及如何处理和分析评估数据，也是教师在实施评估的过程中需要考虑的问题。教师只有不断提升自身的专业素养，学习并实践更有效的评估策略，才能确保评估活动能真正促进学生核心素养的发展。

8.1.2 多元化评估核心素养

对于教师而言，理解并应用多元化的评估方法是提升教学效果的重要一环。在实施多样化评估时，教师应该采用不同的工具和策略，以适应学生的个体性差异和学习需求。例如，教师可以通过小组合作任务、个别面谈、学生日志以及同伴评价等方式来评估学生的核心素养发展程度。这些方法不仅能够帮助教师从多个角度了解学生的学习情况，还能够鼓励学生积极参与学习过程，增强学生的自主性和合作能力。

在多元化评估的实践中，教师也需要注意评估的连续性和系统性。持续的评估能够体现学生学习进展的长期趋势，帮助教师深入了解学生的学习过程。例如，通过定期的学习反思和进步记录，教师可以观察到学生核心素养的发展，及时调整教学策略，以适应学生的学习需求。而系统性评估则能够确保所有学生的学习活动都被纳入评估范围，避免忽视某些关键的学习成果。评估结果应被用于指导教学实践和课程改进，而不仅是为了评定学生的成绩。教师可以根据评估结果调整教学内容和方法，为学生提供定制化的学习支持。例如，如果通过评估发现学生的某个核心素养表现欠佳，教师可以通过增加相关领域的练习、引入不同的教学资源或调整教学策略来帮助学生进行提升。同时，评估结果可用于促进学生之间的相互学习和交流，如开展同伴教学和小组合作活动，让学生在互帮互助中共同进步。

在实施多元化评估的过程中，教师还需提升自己的评估技能和专业知识水平，包括了解不同评估工具的优势和局限性、掌握如何设计和实施有效的评估活动，以及如何合理地解读和应用评估结果。此外，教师还应关注最新的教育评估研究和实践动态，不断更新自己的评估方法，以确保评估活动能够有效地支持学生核心素养的发展。对于核心素养的教学评估而言，将评估结果与教育决策和教学改进紧密结合起来是非常关键的。有效的评估不仅应该反映出学生在数学核心素养方面的表现，还应成为推动教学革新和课程发展的动力。教师和学校管理者需要利用评估数据进行教学决策，如调整教学计划、改进教学方法或加强学生支持服务。

8.1.3 核心素养评估的策略

在实践中，教师应采取主动策略，将评估结果作为专业发展的契机。这意味着教师不仅应是评估的实施者,还应成为评估结果的积极使用者。例如,通过分析评估数据,教师可以识别自己在教学中的不足之处,然后寻找相应的专业发展机会,如参加相关的研修或研讨会,以弥补自己的不足之处。

为了使评估真正服务于学生的学习,学校和教育机构应建立一个支持性的评估文化。这种文化鼓励教师、学生和家长参与到评估过程中,共同探讨评估结果,并基于此制定合作的学习策略。例如,学校可以定期举行家长会议,让家长了解评估的目的和方法,以及如何帮助他们的孩子在家里提升核心素养。同时,学校应提供必要的资源和支持,使教师能够有效地实施评估,并根据评估结果做出相应的教学调整。

核心素养在数学教学评估中的角色具有多变性。只有实施有效的评估,教师才可以更好地了解学生核心素养的发展程度,从而调整教学策略以满足学生的学习需求。同时,教师和学校应不断探索和实践新的评估方法,创建支持性的评估文化,并将评估结果与教育决策、教学改进紧密结合起来。这样,评估就能成为推动高中数学教育质量提升的重要工具。

8.2 评估工具与方法:高效课堂的量化与质化评估分析

在建构基于核心素养的高效数学课堂中,评估工具和方法的选择对于确保教学目标的实现至关重要。评估工具与方法的设计旨在全面捕捉和反映学生的学习进程,以及他们的核心素养的发展。在这一过程中,量化与质化的评估分析方法各有其重要性和应用场景。

8.2.1 量化评估与质化评估分析

量化评估是指使用数值数据来衡量学生的学习成果。这种方法通常包括标准化测试、选择题测试、数学问题的解题正确率等。量化评估的优点在于它提供了一种简单明了的方式来衡量和比较学生的学习成效，尤其是在评估大量学生时更加高效。例如，标准化测试能够快速地提供学生在特定数学领域的成绩，帮助教师快速识别班级整体或个别学生的强项和弱项。此外，量化评估还可用于追踪学生的学习进展、比较不同教学方法的效果以及评估学校的教育质量。

量化评估也有其局限性，它可能无法完全捕捉到学生的思维过程、创造性解决问题的能力，以及学习动机和态度等方面的发展。因此，为了获得更全面的评估结果，质化评估方法的应用同样重要。质化评估侧重于收集非数值化的数据，如学生的口头回答和书面反思、教师的观察记录以及同伴评价等。这些数据可以提供更深入的洞见，如学生如何理解数学概念、如何应用数学技能解决实际问题，以及学生的学习态度和自我效能感等。例如，通过对学生的数学日志或项目作业进行分析，教师可以了解学生对数学概念的理解深度、他们解决问题时的创新思维和策略使用情况。此外，教师的观察和同伴评价也能提供学生在课堂互动、合作学习以及口头表达能力方面的宝贵信息。

8.2.2 评估工具

在实施评估方法时，教师需要注意评估工具的设计和应用，以确保评估的有效性和公正性。量化评估工具的设计应充分考虑到测试的可靠性和有效性。例如，标准化测试的题目应涵盖课程的核心内容，同时保证难度和区分度适宜，进而有效区分不同水平的学生。在实施过程中，教师应确保测试条件的一致性，以保证评估结果的公正性。对于质化评估工具，如口头回答评分标准、项目作业的评估指标等，教师需要设计清晰、具体的评估标准和指导原则，以确保评估结果的准确性和一致性。此外，教师还应注意收集多样化的数据，以避免对学生的评估过于片面。

良好的评估系统要能够平衡量化评估与质化评估的优势，从而为教师提供一个全面、综合的学生学习情况视图。为实现这一目标，教师需要灵活运用各种评估工具和方法，以适应不同的教学情境。例如，在对学生的数学基本技能进行评估时，标准化测试和选择题测试可能是有效的工具，因为它们能够快速地测量学生对这些技能的掌握程度。相反，评估学生的高阶思维能力、创造性解决问题的能力或学习态度时，教师可能需要使用口头回答、书面反思或项目作业等质化评估方法。在实施评估时，教师还应重视对评估结果的解读和应用。量化评估数据虽然提供了明确的数值结果，但是对这些数据的解读需要谨慎。例如，学生在标准化测试中的高分可能反映了他们对某一数学领域的良好掌握，但是这并不意味着他们对所有相关领域都有同样的理解程度。同样，低分可能表明学生在某些方面需要额外的辅导，但并不一定反映了他们的整体数学能力。因此，教师需要结合其他形式的评估，如课堂观察和学生的自我反思，对量化评估数据进行综合解读。对于质化评估结果，教师需要具备深入解析和综合分析信息的能力。质化评估的结果通常更为复杂和主观，需要教师进行仔细的分析和理解。例如，在分析学生的书面反思时，教师不仅要注意学生对数学概念的理解，还要关注他们的思维过程、解题策略和学习态度。在这个过程中，教师可以发现学生的个别差异，了解他们的具体需求，并据此进行个性化的教学调整。

教师在评估过程中还需要考虑评估的公平性和包容性。这意味着评估工具和方法应适用于所有学生，包括那些有特殊教育需要的学生。在设计评估时，教师应确保评估内容和格式对所有学生都是可访问和公平的。例如，对于有视觉障碍的学生，教师可能需要提供口头测试或使用特殊的评估工具；对于学习困难的学生，教师可能需要调整评估的难度，或提供额外的时间和支持。

8.2.3 评估的设计与实施

在寻找评估工具与方法时，教师应特别注意评估的设计和实施。有效的评估设计应基于学生的学习目标和课程要求，同时考虑到学生的个体差异和学习风格。为此，教师需要深入了解各种评估工具的特性和适用性，确保评估活动与教学目标和学生的学习需求相一致。

在设计量化评估时，教师应确保测试题目涵盖课程的关键内容和核心素养。同时，题目应具有适当的难度，能够有效区分不同水平的学生，并能提供有关学生理解程度的准确信息。此外，量化测试应有清晰的评分标准和公正的评分程序，确保每个学生的表现都能得到公平的评价。在实施量化评估时，教师应确保所有学生都在相同的条件下参加测试，以保证评估的一致性和可靠性。

对于质化评估，教师应设计富有创意的活动和任务，以促进学生的参与和思考。例如，教师可以安排小组讨论、研究项目或口头报告，以评估学生的合作能力、研究技能和表达能力。在设计这些活动时，教师应充分考虑学生的兴趣和背景，确保活动对所有学生都具有吸引力。在评估过程中，教师应使用详细的评价标准和指导原则，以帮助学生了解评估的目的和要求。同时，教师还应鼓励学生进行自我评估和同伴评估，以增强学生的自我反思能力和批判性思维。

在实施评估的过程中，教师还应注意评估结果的反馈和沟通。有效的反馈不仅可以帮助学生了解自己的学习状态，还可以激励他们改进学习方法和提高学习成效。教师应提供及时、具体和有建设性的反馈，强调学生的进步和优点，同时指出需要改进的地方。此外，教师应与学生进行有效的沟通，讨论评估结果和学习策略，以促进学生对自己学习状况的深入了解。

8.2.4 评估结果的分析与应用

除了评估工具与方法的设计和实施外，教师还需关注评估结果的分析与应用。评估结果的分析不仅有助于揭示学生的学习成就和进步，还能够指导未来的教学实践和课程发展。在分析评估结果时，教师应考虑多种数据源，以获得关于学生学习的全面视图。例如，量化数据可提供关于学生学习成绩的概览，而质化数据则可深入揭示学生的思考过程、学习态度和技能应用。

通过综合这些数据，教师可以更全面地了解学生的学习情况，包括他们的优势、挑战和发展需求。在评估结果的分析中，教师应使用适当的统计方法和分析工具，以确保结果分析的准确性和可靠性。例如，可以进行统计分析来确定学生的平均成绩、成绩分布和进步趋势。对于质化评估结果，教师可以通过内容分析来识别学生反思和项目作业中的常见主题和模式。此外，教师应考虑使用数据可视化工具，如图表和图形来展示评估结果，使评估结果分析更直观、更易于理解。

评估结果的应用是提高教学质量的关键。教师应将评估结果用于指导教学决策，如调整教学策略、设计差异化教学活动和提供个性化学习支持。例如，如果评估数据显示学生在特定数学领域存在困难，那么教师可以通过提供额外的练习和指导，或调整教学方法来加强学生对该领域的学习。此外，教师还可以根据评估结果与学生和家长沟通，共同制订学习计划和目标，以促进学生的参与和家庭的支持。同时，教师应持续反思和改进评估教学实践，包括定期审视评估工具的有效性，根据学生的学习需求和教学目标进行教学调整。教师还应参与专业发展活动，如研讨会和工作坊，以提升自己的评估技能和知识水平。此外，教师可以与同事合作，分享评估策略和经验，共同提升教学和评估的质量。

8.3 核心素养导向下基于评估结果的教学策略调整与优化

8.3.1 教学策略调整的重要性

在基于核心素养的教学体系中，教学策略的调整与优化是实现教学目标的关键。当评估结果揭示出学生的学习需求和挑战时，教师必须灵活调整教学策略，以更有效地促进学生的学习和全面发展。教学策略的调整应基于深入了解学生的学习过程，包括他们的认知发展、情感态度和行为表现。这种调整不仅要关注学生的学术成就，还要促进他们的长期学习能力提高和个人成长。

教师在调整教学策略时，需要准确解读评估结果，包括分析学生在不同核心素养领域的表现，识别他们的强项和待改进领域。例如，如果评估结果显示学生的数学逻辑推理能力较弱，那么教师可以通过增加相关的批判性思维练习强化学生的这一能力。解读评估结果时，教师应考虑学生的整体表现，避免仅依据单一的评分或反馈做出判断。同时，教师应与学生、家长和同事分享评估结果，使其共同参与教学策略的调整，以确保多方的视角和需求被充分考虑。

针对评估结果，教师应设计和实施具体的教学策略，以满足学生的个性化学习需求。这可能包括采用不同的教学方法、调整课程内容、采用新的教学资源或技术工具，以及提供差异化的学习支持。例如，对于理解能力较强但表达能力有限的学生，教师可以设计更多的口头表达和小组讨论活动，以提升他们的沟通技能。对于需要更多指导的学生，教师可以提供额外的一对一辅导或为其设计具体的学习步骤。在实施这些策略时，教师应持续监测其效果，并根据学生的反馈和进展进行必要的调整。教学策略的调整是一个持续的过程，需要教师不断地反思和改进，包括定期评估教学策略的有效性、寻求专业发展机会以及与同行交流经验和想法。教师可以通过研讨会、在线课程或教师学习社区提升自己的教学技能和知识水平。此外，教师还要定期向学生征求反馈意见，这样便可以了解学生对于教学的看法和建议，进一步优化教学策略。

8.3.2 教学策略调整的关键

教学策略调整的一个核心目标是提高学生的参与度和积极性。高度参与的学生更有可能深入理解数学概念，提升必要的技能，并展现出积极的学习态度。为了实现这一目标，教师需要在课堂上创造一个鼓励探究、合作和交流的环境，如通过开展小组项目、互动式讨论或基于游戏的学习活动激发学生的兴趣和动机。此外，采用以学生为中心的教学方法，如项目式学习和问题解决式学习，可以鼓励学生主动参与学习过程，积极探索未知领域。教师可以设置开放性问题和现实生活挑战，鼓励学生发挥创造力和批判性思维，从而提升他们的学习参与度。

在基于核心素养的教学模式中，个性化学习路径是促进学生个体发展的关键。每个学生都有独特的学习风格、兴趣和能力，教师在调整教学策略时应考虑这些个体差异，提供个性化的学习机会和挑战，更好地满足每位学生的需求，帮助他们取得最佳学习效果。这可能包括为学生提供不同难度级别的任务、使用不同的教学材料或允许学生在特定项目中选择自己的学习路径。教师还可以利用技术工具，如适应性学习软件，为学生提供定制化的学习体验，以适应每位学生的学习速度和风格。

评估结果是指导教学策略调整的关键。通过对评估结果的深入分析，教师可以识别教学中的挑战，从而做出有针对性的教学策略调整。例如，如果评估结果表明学生在理解某一数学概念上存在困难，那么教师可以通过更直观的教学材料或额外的练习帮助学生克服这些难点。同时，评估结果可以揭示哪些教学策略最有效、哪些需要改进。教师可以根据这些信息调整教学方法，如增加更多的互动活动或采用不同的教学技巧。为了有效地调整教学策略，教师需要不断地进行专业发展和学习，包括参加研讨会、工作坊和培训课程，以获取新的教学方法和策略。教师还可以通过阅读专业文献、参与教育研究和与同行交流丰富自己的教育知识。专业发展不仅有助于教师提高教学技能，还可以帮助他们更好地了解学生的学习需求和有效地支持每位学生的学习。

8.3.3　教学策略调整的实践

在核心素养导向的教学中，实践应用是教学策略调整的关键环节。教师不仅需要在理论上了解不同的教学策略，还要有效地将这些策略应用到日常教学中。例如，如果评估结果显示学生的数学建模能力培养需要更多的支持，那么教师可以设计一系列与真实世界问题相关的项目，引导学生运用数学工具和方法来解决问题。这种实践应用不仅能加深学生对数学知识的理解，还能提高他们运用数学知识解决实际问题的能力。在实施新的教学策略时，教师应考虑课堂动态和学生互动的变化。引入新的教学方法可能需要时间让学生适应，因此教师应逐渐引导学生接受新的学习方式，并提供必要的支持和指导。例如，在采用合作学习策略时，教师可以通过团队建设活动和小组规则的设定促进学生之间的有效合作。同时，教师应关注学生对新策略的反应，及时调整教学方法以满足学生的需求。

教学资源和技术的整合是教学策略调整的另一个重要方面。现代教育技术为教学提供了丰富的资源和工具，可以支持教师实施多样化的教学策略。例如，使用互动白板和数字媒体可以使数学概念更加直观和生动，而在线协作工具可以促进学生间的交流和合作。教师可以根据学生的学习需求和课程目标选择合适的技术工具，以丰富教学内容和提高学生的学习兴趣。在整合教学资源和技术时，教师应注意保持教学内容的连贯性和一致性。技术工具和资源的使用应被视为实现教学目标的手段，而不是为了替代传统的教学方法。教师需要确保技术的使用与课程内容和教学目标紧密相关，避免过分依赖技术或使其干扰学习过程。此外，教师还应考虑学生对技术的熟悉程度和访问权限，确保所有学生都能公平地参与技术支持的学习活动。教师应定期征求学生对教学方法和活动的反馈，以了解他们的学习体验和需求，可以采用匿名问卷调查、小组讨论或个别会谈的形式进行。学生的反馈不仅为教师提供了宝贵的教学改进意见，还有助于培养学生的参与感和责任感。

8.3.4 持续评估与教学策略的动态调整

在基于核心素养的教学中，持续评估和动态调整教学策略是不可或缺的环节。教师应实施连续的评估机制，以监控学生的学习进展和教学策略的有效性。这种评估不仅包括定期的测试和作业，还包括对学生的参与度、学习态度和技能应用的观察。例如，教师可以通过课堂观察评估学生对新教学策略的适应情况，以及他们在合作学习或项目任务中的表现。基于这些评估结果，教师可以及时调整教学计划，如改变教学方法、引入新的学习活动或为特定学生提供附加支持。

在核心素养导向的教学中，教师的角色不断演变。他们不仅是知识的传递者，更是学习的促进者、策略的设计者和学习过程的引导者。这要求教师具备灵活性和创新性，能够根据学生的需求和评估结果设计和实施有效的教学策略。此外，教师还需发展自己的反思能力，持续评估自己的教学实践，学习新的教学方法，并根据学生的反馈和学习成果进行教学策略调整。为了有效地实施教学策略调整，学校需要建立具有支持性的校园文化系统，包括为教师提供专业发展机会，如开展培训和组织研讨会，以及鼓励教师之间的合作和经验分享。学校管理层应支持教师在教学实践中的探索和创新，并提供必要的资源，如教学材料、技术工具和时间。此外，建立一个积极的学习社区，鼓励学生、家长和教师之间的沟通和合作，也是促进教学策略成功实施的关键。

基于核心素养的教学需要教师根据评估结果灵活调整教学策略，包括提高学生的参与度、实施个性化学习路径、有效地整合教学资源和技术，并且重视学生的反馈和参与。教师应在持续的专业发展中，不断提升自己的教学能力和反思技能。学校应提供支持性的环境和资源，鼓励教师的创新和合作。

8.4 核心素养导向下高中数学教学方法的使用效果检测

8.4.1 试卷检测

在对知识的教学成效进行评估时，大多数教师会采取试卷检测的形式。为了有效地利用这种评估方法，教师应做到全面梳理相关的教学目标和知识点，并在此基础上根据每个知识点的特性和教学目标来选取合适的题型进行题目编制，精心设计试卷。这个过程通常借助创建一个"双向细目表"来实现，该表格能够帮助教师确保试题的设计与教学目标紧密对应。表格制作好后，教师可以依据这个细目表继续进行具体试题的制定。

8.4.2　试卷基本题型与检测效果

在高中数学教学中，基本的题型分别担负着不同的检测职能。基本题型主要包括选择题、填空题和解答题三种形式，这些题型的设计和应用旨在全面评估学生对数学概念的理解和应用能力。

8.4.2.1　选择题

选择题作为一种常见的题型，主要用于测试学生对基本数学概念的掌握程度，以及他们对题目的判断和应变能力。这类题目通常包括一个题干和四个选项，要求学生从中选出一个正确答案。选择题的设计不仅考验学生对学习内容的记忆和理解，还可以测试他们对易混淆概念的掌握情况，以及对数学规律的应用能力。在解答选择题时，学生需要从题干提供的条件出发，通过运用数学定义、定理、公式或图表分析推导出正确答案。在解题过程中，学生应注重审题的准确性，确保选项的正确性，并在解答时注意提高效率，迅速排除明显错误的选项。

8.4.2.2　填空题

填空题通常以计算题的形式出现，其主要功能在于测试学生的计算能力，包括知识面的广度、计算速度和正确率。填空题在难度上存在较大差异，适用于不同水平的测试。这种题型主要考查学生是否能够准确记忆和运用所学的数学定义、性质和基本方法，以及他们是否具备基本的数学解题技能和综合应用能力。填空题的答案并不直接显示，且给予解答者的提示和引导相对较少，因此对学生的思维能力要求较高。解答填空题时，学生需要在理解题目条件的基础上寻找合适的解题方法，如特殊值法、数形结合法等。

由于答案可能不唯一，学生在解题后需检查所有可能的结果，确保答案的准确性和规范性。

8.4.2.3 解答题

解答题在高中数学测验中占据重要地位，因为它们涵盖的内容广泛，难度层次不一，能够全面考查学生的多方面能力。这种题型特别强调解题过程的书写，能够深入考查学生分析问题和解决问题的能力、逻辑推理能力以及表达能力。

解答题以其形式的多样性、内容的丰富性和难度的可调节性而著称，能深入考查学生的思维能力、推理能力、空间想象能力和数学表达能力。这类题目既可以是基础知识的简单测验，也可以是复杂的综合性或高难度题目。从学生的答卷中可以清楚地看出他们的思维过程、推理和计算过程，因此解答题在深入评估学生的数学素养方面具有重要作用。解答题不仅考查学生解题思路的清晰度，还能评估他们解决问题时的独特见解和创造力。

解答题通常涉及复杂的数学解题过程，想要成功解答出来，需要抓住关键点和正确选用参量及符号。这类题目往往可分为几个阶段或包含几个变化过程，因此对过程的分析至关重要。寻找各种等量关系和挖掘隐含条件是解答此类题目的关键。学生通常需要根据题目条件列出未知量，然后通过解方程的方式找到答案。此外，学生还需要巧妙运用分析法和综合法，其中分析法是将复杂问题分解为简单元素进行研究，通常从含未知量的原始公式出发，逐步推导。综合法则是将各部分因素结合为一个整体进行研究，从已知量出发，根据它们之间的关系推导出待求量。

高中数学的基本题型设计旨在全面评估学生对数学知识的掌握程度，以及他们的分析、判断和计算能力。通过精心设计的选择题、填空题和解答题，教师能有效检测学生对数学概念的理解、应用能力以及思维方式的发展程度。这些题型不仅可以考查学生的知识掌握情况，还能培养他们的批判性思维和解决问题的能力。

8.4.3 其他题型

高中数学的题型除基本题型外，还包括数学应用题和数学证明题，这些题型各自承担着不同的教学和评估职能。

数学应用题主要围绕社会生活中的实际问题展开，要求学生利用已掌握的数学知识找到解决问题的方案。这类题目的特点是增强了数学与日常生活的联系，从而提升了学生的应用意识和解决问题的能力。通过这类题目，学生能够理解数学知识在现实世界中的应用价值，并培养将理论知识转化为实际操作的能力。

数学证明题则是一种更侧重于逻辑推理和分析的题型。它要求学生基于给定的条件，运用数学理论和方法来证明一个特定命题的真伪（通常是证明其成立）。证明题不仅考验学生的数学知识和技能，还考查他们的逻辑推理和应用能力。与计算题相比，证明题更侧重于从已知条件出发，通过清晰和精确的逻辑分析来得出结论。

第 9 章　总结与展望——核心素养与高效数学教学的未来方向

第 9 章　总结与展望——核心素养与高效数学教学的未来方向

9.1　核心素养与高效课堂建构的实践回顾

9.1.1　高效课堂建构在教学实践中的发展历程

在讨论基于核心素养的高效数学课堂建构时，不可忽视的是这一模式在教学实践中的发展和演变。核心素养的概念在教育界已经被广泛接受，它强调的不仅是学科知识的传授，还有学生综合能力的培养，包括批判性思维、创造性解决问题的能力、有效沟通和合作的能力等。在过去的几年中，教学方法从传统的"填鸭式"教学转变为更加注重学生主动参与和实践的方法。这种转变对教师的教学方法和学生的学习体验产生了深远的影响。在这个转变过程中，教师开始从单一的知识传递者转变为学习的引导者和促进者。他们更多地运用项目式学习、合作学习和基于问题的学习方法，以激发学生的好奇心和探究欲。这些方法的应用不仅激发了学生的学习动机，还可以帮助他们形成更加深入和持久的数学理解能力。高效数学课堂建构让学生能够在解决实际问题的过程中更好地理解数学概念和原理，从而在实际生活中应用所学知识。

核心素养的理念与课堂教学的有效融合是高效数学课堂建构成功实施的关键。在设计课程和教学活动时，教师需要确保它们能够有效地促进学生核心素养的发展。这意味着教学活动不仅需要涵盖必要的数学知识点，还应包含能促进学生批判性思维、创新能力和合作技能发展的元素。例如，教师可以设计让学生通过团队合作解决复杂数学问题的项目，或者运用实际案例引导学生探究数学概念的应用。这种教学方法不仅提高了学生对数学的兴趣和参与度，还促进了他们多个核心素养的发展。核心素养导向的教学模式带来了许多积极的变化，但其在实际教学过程中也面临着一系列挑战，其中一个挑战是如何平衡核心素养的发展和学科知识的传授。在一些情况下，过分强调核心素养发展可能会导致教师对学科知识教学的忽视，反之亦然。因此，教师需要在这两者之间找到合适的平衡点，确保学生在发展核心素养的同时，能够掌握必要的数学知识。

另一个挑战是如何有效评估的问题。传统的评估方法往往难以全面衡量学生核心素养的发展状况。因此，教师需要探索更多元化的评估方法，如基于项目的评估、同伴评价和自我评价等。这些评估方法不仅能更准确地反映学生的学习成果，还能促进学生对自己的学习过程进行反思。

9.1.2 创新教学方法的探索与实践

在基于核心素养的高效课堂建构中，教师需要不断探索和实践创新的教学方法。这些方法旨在促进学生的主动学习和深入思考，同时鼓励他们将数学知识应用于实际问题解决中。例如，"翻转课堂"模式允许学生在课外先行接触新知识，课堂时间则用于深入讨论和应用练习。这种模式有助于学生更主动地参与学习过程，并提高课堂互动质量。此外，项目式学习和基于问题的学习等教学方法，通过提供真实的、复杂的问题情境，激发学生的探究兴趣和解决问题的动力，有效地促进了学生核心素养的发展。

在实施这些创新教学方法时，教师面临的挑战之一是如何有效地引导和支持学生。这要求教师不仅要熟悉新的教学方法，还要灵活地应对教学过程中出现的各种情况。例如，在翻转课堂中，教师需要确保所有学生都能在课外成功地学习新知识，并在课堂上进行有效的讨论和应用。在项目式学习中，教师需要帮助学生设定合理的学习目标，提供必要的资源，并监控学习进程，确保项目的顺利进行。在基于核心素养的教学中，技术的应用为创新教学提供了更多可能性，在线协作平台、教育应用程序和互动软件等数字工具不仅增强了学习的趣味性和互动性，还为学生提供了丰富的学习资源和即时反馈。例如，教师可以利用在线教育平台组织翻转课堂，学生则可以在这些平台上观看教学视频，参与在线讨论并完成互动练习。这种方式让学生可以根据自己的节奏进行学习，同时通过在线反馈获得即时的支持。

教师需要确保技术工具的使用真正提高了学生学习的有效性，而不是单纯地作为新颖的补充。此外，教师还需要关注学生对技术工具的使用，确保所有学生都能平等地参与到基于技术工具的学习活动中。例如，对于缺少必要设备或无法进行网络访问的学生，教师可能需要提供额外的支持或寻找替代的教学方法。

9.1.3 学生参与和互动的加强

在核心素养导向的教学实践中，加强学生的参与和互动是至关重要的。教学不仅是知识的传递过程，还是一个互动和交流的过程。为此，教师需要采用各种策略激发学生的兴趣并提高其参与度。例如，开展小组合作、讨论和互动式活动，学生可以在参与中深化对数学概念的理解，同时提高沟通和团队协作能力。这种教学方式鼓励学生主动探索问题、交流想法，从而在学习过程中发挥更积极的作用。在提高学生参与度的过程中，教师应考虑使用多种教学工具和资源。例如，运用视觉辅助工具和实际操作材料可以帮助学生更直观地理解抽象的数学概念；运用故事讲述、游戏和模拟活动等教学方法，可以使教学过程更加生动和有趣。此外，教师还应鼓励学生提出问题和想法，并为他们提供充分表达和探索的机会，从而增强他们的自主学习能力和批判性思维。

教师在教学实践中的反思和评估对于教学策略的调整至关重要。这不仅包括对学生学习成果的评估，还包括对教学方法和过程的持续反思。例如，教师可以定期回顾和分析课堂活动的效果，考虑如何改进教学策略以更好地满足学生的学习需求。在与同事的交流和合作中，教师可以分享经验、获取新的见解，并从同行的反馈中学习经验。在评估学生的学习成果时，教师需要使用多样化的评估工具，以全面了解学生的学习进展和核心素养的发展程度。教学评估不仅包括传统的测试和作业，还包括对学生的参与度、创造力和问题解决能力的评估，教师可以通过项目作业、口头报告和学生日志评估学生的综合能力。通过这种多元化的评估方式，教师可以更全面地了解学生的学习情况，为教学策略的调整提供依据。

在核心素养导向的高效课堂中，教师需要创新地利用各种教学资源。随着教育技术的不断发展，丰富的数字资源和工具为数学教学提供了新的可能性。例如，在线学习平台、交互式模拟软件和数字化教学材料等都可以增强学生的学习体验，同时提供多样化的学习途径。教师可以根据学生的兴趣和学习需求，选择合适的数字资源和工具，以丰富课堂内容并提高学生的参与度。

在利用数字资源和工具时，教师应注意它们的适用性和有效性。例如，在使用在线教育平台时，教师应确保所选的平台和资源与教学目标和课程内容相符合。同时，教师还应考虑学生的技术能力和访问条件，确保所有学生都能平等地参与到基于技术的学习活动中。此外，教师应灵活地结合传统教学方法和现代技术工具，以实现教学内容的全面和深入。

9.1.4 教师角色转变的挑战

在基于核心素养的高效课堂建构实践中，教师角色的转变是一项重要的挑战。在高效课堂中，教师不只是知识的传授者，还是学习的促进者、引导者和支持者。这要求教师具备新的教学技能和理念，包括激发学生的学习主动性、引导学生进行深入思考以及利用各种资源来支持学习。角色的转变意味着教师需要不断地更新自己的专业知识，掌握新的教学方法，并适应快速变化的教育环境。

从传统的教学方式转变为以学生为中心的教学方式需要时间和努力。教师需要学习如何设计和实施以学生为中心的教学活动，同时调整自己的教学风格和策略。教师还需要学习如何有效地利用技术和新的教学资源，这不仅涉及技术技能的提升，还包括将技术工具有效地融入教学中，以提高学生的学习效果。

基于核心素养的数学高效课堂将继续演变和发展。随着教育技术的不断进步和教育理念的更新，教师将有更多机会探索新的教学方法和策略。例如，人工智能和虚拟现实技术的发展会为数学教学带来新的可能性，使学生能够以更具互动性的方式学习数学。同时，随着对学生个性化学习需求的重视，教师将更加注重为学生提供定制化的学习路径和支持。学校和教育机构也将继续创造支持教师专业成长的条件，包括提供更多的专业发展机会、鼓励教师之间的合作和经验分享，以及支持教师在教学实践中的创新和实验。通过这些努力，教师将更有效地支持学生的学习和发展，为学生未来的学习和生活打下坚实的基础。

核心素养导向的高效课堂建构是一个持续进化的过程，它要求教师不断地调整和优化教学策略，以满足学生的学习需求。在这个过程中，教师角色的转变、教学方法的创新以及对未来教育实践的展望都是至关重要的。通过持续的专业发展和对教学实践的深入反思，教师可以更有效地支持每位学生的学习和成长。

9.2 基于核心素养的教学方法的创新与发展

9.2.1 教学方法创新的必要性

在当前的教育背景下，特别是在基于核心素养的教学模式下，教学方法的创新成为一项重要任务。创新教学方法旨在更好地适应学生多样化的学习需求，同时激发他们的学习兴趣和积极性。为了实现这一目标，教师需要不断探索和实践新的教学策略，以促进学生的全面发展。教学方法的创新不仅包括教学内容和技术的更新，还包括教学理念和方法的变革。

随着教育理论的发展和技术的进步，教学方法已经从传统的讲授式教学转变为更加注重学生主动参与的互动式教学。例如，项目式学习、基于探究的学习和翻转课堂等方法已被广泛应用于数学教学中。这些方法鼓励学生主动探索和解决问题，不仅提高了他们对数学学科的兴趣，还可以帮助他们发展批判性思维和创造性解决问题的能力。在实施这些教学方法时，教师需要考虑如何有效地设计课程内容、如何创建促进学生参与和合作的学习环境，以及如何使用适当的评估工具来评价学生的学习成果。

教育技术的发展为教学方法创新提供了新的可能性。数字工具和在线资源已经成为现代教学的重要组成部分，它们为教师提供了丰富的教学资源和创新的教学方法。例如，教师可以利用交互式白板、教育软件和在线合作平台来提高学生的互动性和参与度。通过这些技术工具，学生可以更加灵活地接触和探索数学知识，同时提高他们的数学素养。然而，技术的应用也为教学带来了一定的挑战，包括如何确保技术工具的应用与教学目标的一致性，以及如何平衡在线学习和面对面教学。

教学方法的创新为提升教学效果提供了新的可能，但在实践中也面临着一系列挑战。教师如果想要掌握新的教学技能和方法，就需要付出额外的时间和努力。教学方法的创新需要合适的教学资源和技术支持，这在一些学校可能难以实现。教师在采用新的教学方法时还需要考虑学生的接受程度和反应，以确保这些方法能够有效地促进学生的学习。

9.2.2 个性化教学的推进

在基于核心素养的教学环境中，个性化教学成为一种重要的教学趋势，它强调根据每个学生的学习风格、兴趣和能力来调整教学内容和方法。为了实现这一目标，教师需要掌握如何设计和实施差异化的教学策略。这包括为不同能力水平的学生设置不同难度的任务，或者为学生提供可选择的学习活动，以满足他们的个人兴趣和学习需求。个性化教学的推进不仅能够提高学生的学习兴趣和参与度，还能够帮助他们根据自己的节奏更有效地学习。

随着教学创新的推进，越来越多的新教学方法被引入课堂。例如，教师可以采用讲述故事的方式来介绍复杂的数学概念，将抽象的数学知识转化为生动、易于理解的故事。此外，利用现实生活中的案例来教授数学，可以帮助学生理解数学知识在实际生活中的应用，增强他们的学习兴趣。在实施这些创新教学方法时，教师需要考虑如何有效地将这些方法融入现有的教学框架，并确保它们与教学目标和学生的学习需求相一致。

教育技术在推动教学方法创新方面发挥着日益重要的作用。现代教育技术，如虚拟现实、增强现实和人工智能，为创新教学提供了新的工具和可能性。这些技术可以创造沉浸式的学习环境，激发学生的学习兴趣，同时为学生提供个性化的学习体验。例如，虚拟现实技术可以使学生在虚拟环境中探索数学概念，增强他们的学习体验。然而，技术的应用也需要教师具备相应的技能和知识，以确保技术能够有效地支持教学目标的实现。

教师需要持续地进行专业发展，包括学习新的教学理念、方法和技术，以及不断地更新自己的教学实践。专业发展可以通过多种形式进行，如参加研讨会、网络课程或教师学习社区等。通过持续的学习和实践，教师可以不断地提高自己的教学技能，更好地适应教育的发展趋势。此外，教师还可以与同事交流和合作，共享经验和最佳实践，共同推动教学方法的创新和发展。

9.2.3 教学策略的多样性与灵活性

随着教学创新的不断推进，教学策略的多样性和灵活性变得日益重要。教师应采用多种教学方法，以适应不同学生的学习需求和偏好。例如，一些学生可能更喜欢通过视觉和实际操作来学习，而另一些学生可能更偏向于听觉学习或文字处理。教师需要识别这些差异，并适当地调整教学方法，以确保每个学生都能通过最适合自己的方式来学习。此外，教师还需要在不同的教学活动中灵活切换教学策略，如从小组合作到个人研究，从课堂讲授到实践应用，以保持学生的兴趣和动力。

9.2.4 教育技术的融合与未来趋势

教育技术的发展为教学方法的创新提供了强大的动力和广阔的视野。未来的教育将更加依赖技术的融合，包括人工智能、虚拟现实、增强现实等先进技术。这些技术不但能够创造独特且引人入胜的学习体验，而且能够为个性化学习和适应性学习提供技术支持。例如，人工智能技术可以根据学生的学习行为和表现为其提供定制化的学习建议和资源，而虚拟现实技术可以将学生带入虚拟的学习环境中，如虚拟的数学实验室或历史场景中，从而增强学习的真实性和互动性。

教学方法的创新不仅对学校教育有益，还对社会文化产生深远的影响。创新的教学方法可以培养学生成为终身学习者和未来的创新者。在这个快速变化和高度互联的世界中，学生需要具备适应新环境、解决复杂问题和跨文化交流的能力。因此，未来的教学方法将更加注重培养学生的全球意识、文化敏感性和创新思维。此外，教育技术的融合创新也有助于缩小教育差距，为不同背景和能力的学生提供更公平和包容的教育环境。在教学过程中，教师不仅是教学技术融合的实践者，也是其推动者和领导者。为了有效地实现和引领教学技术融合，教师需要具备开放的心态、持续学习的能力和创新的精神。他们需要主动探索并应用新的教学理念和技术，同时与同事、学校管理层和教育政策制定者合作，共同推动教学技术的融合。通过这种方式，教师不仅可以影响自己的课堂，还可以影响整个教育系统和社会。

9.3 核心素养视角下教师角色的转变与专业发展

9.3.1 教师角色的转变

在基于核心素养的教育模式下,教师角色的转变是显著且必要的。在传统教育中,教师被视为知识的传递者,而在基于核心素养的教学环境中,教师更多地扮演着指导者、促进者和学习伙伴的角色。这种角色的转变要求教师不仅要传授知识,而且要激发学生的学习兴趣,引导他们发现问题、解决问题,并促进他们的全面发展。为此,教师需要具备更广泛的教学技能,包括但不限于有效的沟通技巧、创新的教学方法和对学生学习过程的深度了解。

角色的转变为教师带来了一系列的挑战。第一,教师需要调整他们的教学方式,从传统的教学方法转变为更加以学生为中心的教学方法。这种转变不仅涉及教学技巧的改变,更是一种教育理念的更新。教师需要理解学生在学习过程中不仅需要知识的输入,还需要技能的培养和个性的发展。第二,适应新角色还要求教师持续学习和进行自我提升。在快速变化的教育环境中,教师需要不断更新他们的专业知识,掌握新的教育技术和教学策略。

为了更好地适应新的教师角色,专业发展成为教师职业生涯中不可或缺的部分。专业发展活动,如研讨会、工作坊、网络课程和教育研究,为教师提供了学习新教学方法、交流经验和反思实践的机会。通过参与这些活动,教师不仅可以提升自己的教学技能,还可以拓宽自己的视野,与其他教育工作者建立联系。此外,专业发展也促使教师对自己的教学实践进行反思,帮助他们识别并消除教学中的不足,提高教学质量。在核心素养导向的教学环境中,教师与学校和社区的互动也变得更加重要。教师不再是孤立的个体,而是学校和社区教育生态中的一部分。通过与同事的合作、参与学校决策和与社区的互动，教师可以更好地理解教育的广阔背景和复杂性。例如，参与社区项目可以帮助教师理解学生的社会文化背景，而与同事的合作可以促进教学方法和策略的分享和改进。这种互动不仅丰富了教师的专业经验，也有助于创建一个支持性和合作性较强的教育环境。

9.3.2 教师作为学习引导者的角色

在核心素养教学模式中，教师作为学习引导者的角色变得尤为重要。这种角色要求教师不仅要传授知识，还要引导学生学会如何学习、如何思考，以及如何应用他们的知识和技能来解决实际问题。以上这些要求需要教师掌握如何设计和组织有效的教学活动、如何激发学生的好奇心和探究欲，以及如何评估和反馈学生的学习过程。为了胜任学习引导者的角色，教师需要具备深厚的学科知识和熟练的教学技能，深入了解学生的学习过程。

作为引导者，教师需要采用适当的教学策略来促进学生的批判性和创造性思维的发展，包括鼓励学生提出问题、批判性地分析信息、探索多种可能的解决方案，以及创造性地应对挑战。教师可以通过提出开放式问题、组织辩论和讨论，以及鼓励学生参与项目式学习来实现这一目标。在这个过程中，教师只需提供指导和支持，不能直接给出答案，从而鼓励学生独立思考和自主学习。适应性教学是另一个重要的方面，它侧重于满足学生差异化的学习需求。在核心素养教学模式下，教师需要识别学生的不同能力、学习风格和兴趣，并据此调整教学策略，包括提供不同难度的学习材料、采用多样化的教学方法，以及为不同学生提供个性化的支持和反馈。适应性教学不仅有助于提升所有学生的学习效果，还有助于培养他们的自信心。

为了适应新的教学要求，教师的专业发展必须多元化。这意味着教师需要通过多种渠道和方式提升自己的教学能力。除了传统的教师培训和研讨会，教师还可以通过参与在线课程、阅读与教育相关的书籍和文章、参与教育研究项目，以及与其他教育专业人士交流合作来丰富自己的专业知识和技能。这种多元化的专业发展路径不仅有助于教师适应不断变化的教育需求，还能激发他们的创新思维和持续学习的动力。

9.3.3　强化教师与学生、学习社区、学校之间的互动

在基于核心素养的教学模式下，教师与学生之间的互动变得尤为重要。这种互动不仅是知识传递的渠道，还是促进学生思维发展和个性成长的重要途径。教师需要利用各种互动技巧，如提问策略、讨论引导和反馈机制等来激发学生的参与和思考。这些互动能够帮助学生深入理解知识，同时可以提供机会让他们表达自己的想法和观点。有效的师生互动还包括对学生学习态度和情感的关注，进而帮助他们形成积极的学习心态和自我效能感。

教师在学习社区中的角色也在逐渐变化。在核心素养的教学环境中，教师不再是孤立的个体，而是学习社区的积极参与者和引领者。他们需要与同事、学校管理者、家长以及更广泛的社区成员合作，共同促进学生的学习和发展。这种合作可能涉及共享教学资源和策略、协调课程和活动，以及参与社区服务和学习项目。教师在这些活动中所扮演的角色，不仅有助于他们个人的专业发展，也能够加强学校与社区的联系，为学生创造更多的学习机会。在快速变化的教育环境中，教师作为终身学习者的必要性变得日益明显。为了适应教育创新和学生需求的变化，教师需要持续更新自己的知识和技能，这不仅包括教学方法和教育技术的学习，还包括对教育理论和实践的深入理解。教师可以通过参与研究项目、阅读最新的教育文献以及参加专业发展课程持续学习，不断丰富和发展自己的知识和技能。作为终身学习者，教师能够更好地应对教学中的挑战，同时为学生树立积极学习的榜样。

为了使教师快速适应自己的新角色，学校和教育系统需要提供相应的支持，包括为教师提供必要的资源和时间进行专业发展，创建平台以促进教师之间的交流和合作，以及提供反馈和指导来帮助教师改进教学实践。此外，鼓励教师参与教育决策制定和学校发展规划，可以增强他们的归属感和职业满足感。通过这种全面的支持，教师可以更有效地适应他们在核心素养教学模式下的新角色，并实现专业上的持续成长。

9.3.4 教师创新能力的培养

在当今日益变化的教育环境中，教师的创新能力成为他们专业发展的关键要素。教师不仅需要适应现有的教学模式和技术，还应具备对教学方法和课程设计进行创新的能力。这要求教师不断探索新的教学理念和策略，勇于实验不同的教学方法，并根据学生的反馈和学习成果及时进行调整。培养创新能力还涉及教师对新技术的适应和应用，如利用数字工具和教育软件来提升教学效果和学生参与度。

教育领域对学生综合素质培养越来越重视，跨学科教学成为一个重要趋势。在这一背景下，教师的角色不应仅是单一学科的专家，还应是连接不同学科知识和技能的桥梁。这要求教师具备跨学科的知识背景，能够将数学与工程和艺术等领域相结合，为学生提供综合性的学习体验。跨学科教学不仅能够增强学生对学科内容的理解，还能培养他们的批判性思维和创新能力。

未来的教育趋势，如个性化教育、终身学习和全球化教育，对教师的角色和专业发展提出了新的要求。教师需要适应这些趋势，开发新的教学策略和技能，以满足学生不断变化的学习需求。例如，随着全球化教育的发展，教师需要具备跨文化交流的能力，理解不同文化背景下的学生差异，在多元文化环境中进行有效教学。此外，终身学习的概念要求教师持续更新自己的知识和技能，以应对教育和技术的快速变化。

核心素养教学模式下教师角色的转变和专业发展是一个复杂而深远的过程。教师需要不断适应新的教学环境，发展新的教学技能，同时保持对教育创新和学生需求的敏感性。随着教育理念的更新和技术的发展，教师在未来教育中将扮演更加重要的角色。通过持续的专业发展和创新实践，教师可以更有效地引导和支持学生的学习，为他们未来的成功奠定坚实的基础。

9.4 对未来基于核心素养的高效数学教育的展望

9.4.1 教育未来趋势的适应与创新

随着教育领域不断发展和变化，对未来教育的展望需要考虑适应和创新的重要性。在基于核心素养的高效数学教育中，教师和教育工作者面临着如何应对新兴教育技术、全球化教育趋势以及学生多元化需求的挑战。这要求教育系统不断更新教育内容和方法，以适应快速变化的社会和技术环境。数字化的教育技术，如人工智能、虚拟现实和在线学习平台，为数学教育提供了新的教学工具和资源，同时带来了对教学方法和学生学习过程的重新思考。教育全球化是未来教育的一个重要趋势，这不仅意味着教育资源和学习机会的全球共享，也意味着对于跨文化理解和交流能力的要求在提升。在数学教育中，教育全球化意味着将数学概念和实践与不同文化和全球问题联系起来。例如，教师可以设计课程，让学生探索数学在不同国家和文化中的应用，或者与国际学校进行项目合作，拓宽学生的全球视野，提升他们跨文化交流的能力。

未来的数学教学将更加依赖教育技术的整合。这不仅包括在课堂上使用新技术来提高教学效果，还包括利用技术来支持学生的个性化学习和远程学习。然而，技术的整合也带来了挑战，包括如何确保技术的使用与教学目标相符、如何平衡线上和线下学习，以及如何培养学生的数字素养。此外，教师还需要思考如何确保所有学生都能公平地获得教育技术资源。未来教育还需要更多地考虑学生的多样性，包括不同的文化背景、学习风格和能力水平。教育工作者需要开发适应性强、包容性高的教学方法，以满足所有学生的学习需求。这意味着他们需要采用差异化教学策略、设计灵活多变的教学计划，以及提供额外的支持和资源来帮助那些需要帮助的学生。在未来的教育实践中，教师需要不断提高对学生多样性的认识和理解，以便创设一个能够支持和促进所有学生学习的环境。

9.4.2 个性化教育的深化与发展

在未来的教育趋势中，个性化教育将成为核心焦点，目的是满足每位学生独特的学习需求和偏好。这种教育方法强调为学生提供定制化的学习路径，允许他们按照自己的节奏和兴趣学习。为了实现这一目标，教师需要利用数据分析工具来了解每个学生的学习进展和挑战，同时设计灵活多样的教学活动和材料来帮助他们进行学习。个性化教育的推广也意味着教师必须具备在课堂上有效管理不同学习需求的能力，并能提供相应的支持和引导。

技术将继续驱动教育模式的创新。未来的数学教学可能会更多使用人工智能、机器学习和数据科学等先进技术来支持教学和学习。这些技术不仅能提供个性化的学习体验，还能帮助教师更有效地评估学生的学习成果和了解学生的学习行为。例如，利用人工智能算法，可以为学生提供即时反馈和定制化的学习建议，而大数据分析则可以帮助教师监控整个班级的学习动态，从而做出更有针对性的教学调整。

未来的教育还将更加重视平等与包容性，这意味着所有学生，无论其背景、能力或资源如何，都有机会获得高质量的教育。教师和教育政策制定者需要尽可能地消除教育过程中的不平等现象，如制订针对弱势群体的支持计划、确保教育资源的公平分配，以及在课程设计和教学方法上考虑多样性和包容性。通过这些努力，教育系统可以为所有学生创造一个促进学习和个人成长的公平环境。随着教育环境和社会需求的变化，教育工作者需要不断探索新的教学方法和策略，包括进行教育实验和研究来评估不同教学方法的效果、探索如何有效地整合新技术并将其应用到教学中，以及如何应对全球化和数字化带来的挑战。教师、教育研究者和政策制定者需要共同合作，分享知识和经验，以推动教育实践的持续改进和发展。

9.4.3　教育评估与学生成就的新视角

随着教育理念的演变，评估学生成就的方式也需要更新。未来的教育评估将不再只关注学生的学术成绩，而是要更全面地反映学生的核心素养，包括批判性思维、创造力、合作能力和问题解决技能。这意味着传统的考试和测试可能需要与项目作业、口头报告和团队项目等多元化评估方式结合使用。教师需要开发和利用这些综合性评估工具，以便更准确地衡量和促进学生在各个方面的发展。

未来的教育应致力于培养具有全球公民意识的学生，他们不仅关心自己的个人成长，还关心社会和环境问题。这要求教育系统将道德教育、环境教育和公民教育纳入课程之中。例如，数学课程可以通过环境数据分析、经济发展等全球性问题，让学生理解数学知识在解决现实问题中的应用和价值。在未来教育体系中，教师的作用将不局限于传统学校教育，随着终身学习理念的普及，教师将在终身教育体系中扮演重要角色，他们将参与成人教育、在线教育和社区教育等多种教学活动，帮助人们在不同阶段的生活中继续学习和发展。这种角色的转变要求教师具备更广泛的教学技巧和知识，能够适应不同年龄和背景学生的需求。未来的数学教育也将越来越注重与其他学科的融合，数学将不再是孤立的学科，而是与科学、工程、艺术和人文等领域交叉融合的学科。这种跨学科的融合可以拓宽学生的视野，提高他们对数学在不同领域中应用的理解。例如，数学课程可以与编程、艺术设计或经济学结合，让学生探索数学在这些领域中的实际应用。这不仅能增强学生的数学技能，还能培养他们的创新思维和多元化解决问题的能力。

参考文献

[1] 钟启泉，崔允漷，张华.为了中华民族的复兴　为了每位学生的发展:《基础教育课程改革纲要（试行）》解读[M].上海：华东师范大学出版社，2001.

[2] 陈近.中国数学双基教学的史与思[M].杭州：浙江大学出版社，2018.

[3] 中国教育学会.核心素养与适合的教育[M].北京：现代出版社，2016.

[4] 林崇德.21世纪学生发展核心素养研究[M].北京：北京师范大学出版社，2016.

[5] 苏灿强，李津任，孔鑫辉.立足核心素养，高效开展高中数学教学[M].长春：吉林人民出版社，2020.

[6] 张华.论教师核心素养与教学想象[J].江苏教育，2022（54）：20-23.

[7] 刘恩山.核心素养作引领　注重实践少而精:《普通高中生物学课程标准》修订思路与特色[J].生物学通报，2017，52（8）：8-11.

[8] 严泽嵩.核心素养下高中数学高效课堂构建策略分析[J].基础教育论坛，2023（23）：98-99.

[9] 江巧麟.核心素养视域下高中数学教学中构建高效课堂策略[J].高考，2023（31）：15-17.

[10] 陈玲.核心素养下的解析几何学习障碍分析及教学策略探究[J].数理化解题研究，2023（21）：23-25.

[11] 李清.核心素养导向下高中数学高效课堂构建路径探析[J].高考，2023（20）：75-77.

[12] 杨闽银.新高考背景下高中数学高效课堂的构建[J].高考，2023（18）：69-71.

[13] 张翼飞.基于"信息双向流动"的高中数学高效课堂构建[J].中学数学，2023（11）：35-36.

[14] 戴团结. 核心素养理念下高中数学课堂教学方法创新探讨 [J]. 高考, 2023（16）: 6-8.

[15] 王宇晓. 关于打造高中数学高效课堂的策略分析 [J]. 数学学习与研究, 2023（12）: 14-16.

[16] 朱秋永. 核心素养理念下高中数学课堂教学方法创新策略 [J]. 数理天地（高中版）, 2023（7）: 86-88.

[17] 何正清. 核心素养背景下的高中数学高效课堂教学分析 [J]. 新智慧, 2023（9）: 94-96.

[18] 李玉亮. 推进高中课堂教学转型落实数学学科核心素养 [J]. 家长, 2023（9）: 183-185.

[19] 谢韬. 核心素养视域下高中数学高效课堂的构建探讨 [J]. 高考, 2023（8）: 87-90.

[20] 季长玉. 新课程背景下高中数学高效课堂的构建 [J]. 数学学习与研究, 2023（6）: 77-79.

[21] 许粉铃. 基于核心素养的高中数学课程与信息技术有效整合的实践研究 [J]. 考试周刊, 2023（8）: 53-57.

[22] 汪洋. 从课堂教学中数学运算的维度谈高中数学核心素养的培养 [J]. 数学学习与研究, 2023（1）: 77-79.

[23] 陈晓霞. 核心素养视角下高中数学高效课堂的建构及教学方法研究 [J]. 学周刊, 2023（3）: 58-60.

[24] 陈国建. 基于普通高中数学新课程标准的课堂教学构建策略 [J]. 数学学习与研究, 2022（35）: 93-95.

[25] 吴聿戬. 混合式教学视角下构建高中数学概念高效课堂的实践与思考 [J]. 教师, 2022（35）: 54-56.

[26] 严海艳. 创新教学方法, 构建高中数学高效课堂 [J]. 数理天地（高中版）, 2022（23）: 70-72.

[27] 裴晓芬. 立足课堂, 提升能力: 基于核心素养的高中数学高效课堂的构建 [J]. 数学学习与研究, 2022（32）: 95-97.

[28] 范萍. 核心素养下的高中数学高效课堂构建路径 [J]. 数理天地（高中版）, 2022（21）: 55-57.

[29] 张星. 核心素养下高中数学高效课堂的构建 [J]. 家长, 2022 (30): 55-56, 77.

[30] 曾智. 浅析核心素养下高中数学高效课堂的应用 [J]. 高考, 2022 (26): 90-93.

[31] 李义成. 核心素养下的高中数学高效课堂教学策略分析 [J]. 数学学习与研究, 2022 (24): 113-115.

[32] 郭瑞. 适应高效课堂的高中数学教学方法探讨 [J]. 新课程, 2022 (25): 192-193.

[33] 陈娟. 浅谈核心素养背景下高中数学课堂评价构建 [J]. 数理化学习（教研版）, 2022 (6): 43-45.

[34] 姜有军. 基于本源性问题驱动的高中数学变式教学模式的思考 [J]. 学周刊, 2022 (14): 41-43.

[35] 孟凤. 核心素养视角下高中数学高效课堂的构建策略 [J]. 数学之友, 2022, 36 (7): 14-16.

[36] 李春苑. 高中数学核心素养：高效课堂的实践研究 [J]. 数学学习与研究, 2022 (10): 83-85.

[37] 杜强信. 在培养核心素养背景下构建数学高效课堂的策略研究 [J]. 天天爱科学（教学研究）, 2022 (2): 43-44.

[38] 高桦. 学科核心素养下的高中数学高效课堂构建路径 [J]. 高考, 2022 (4): 96-98.

[39] 丁明生. 高中数学课堂教学方式的有效探索 [J]. 学周刊, 2022 (4): 105-106.

[40] 马永祯. 将核心素养教育融入高中数学课堂 [J]. 智力, 2022 (2): 124-126.

[41] 常学亮. 探究在新时期构建高中数学高效课堂的策略 [J]. 天天爱科学（教育前沿）, 2021 (10): 173-174.

[42] 胥庆. 核心素养视角下高中数学高效课堂的构建策略 [J]. 求知导刊, 2021 (41): 46-48.

[43] 陈永星. 核心素养导向下高中数学课堂教学设计的方法思考 [J]. 考试周刊, 2021 (80): 52-54.

[44]张灿.基于核心素养的高中数学高效课堂构建研究[J].数学学习与研究，2021（25）：118-119.

[45]李选晓.核心素养视角下高中数学高效课堂的构建[J].高考，2021（25）：55-56.

[46]高秀秀.核心素养视角下小学数学高效课堂的构建[J].数学学习与研究，2021（24）：60-61.

[47]张玮萍.新时期高中数学高效教学模式的构建策略探析[J].中学课程辅导（教师教育），2021（16）：35-36.

[48]孙桂琴.高中数学高效课堂的构建[J].数学学习与研究，2021（22）：12-13.

[49]张金福.核心素养下高中数学高效课堂的构建反思[J].高考，2021（22）：85-86.

[50]李艳.如何在高中数学教学中开展探究性学习[J].数学学习与研究，2021（21）：10-11.

[51]涂勇.基于核心素养的高中数学高效课堂的构建[J].高考，2021（19）：115-116.

[52]马亮.基于核心素养视角下高中数学高效课堂的建构及教学方法探究[J].数理化学习（教研版），2021（5）：23-24.

[53]苏文.优化课堂教学设计，培养高中生数学核心素养[J].数学学习与研究，2021（5）：76-77.

[54]郜鹏."互联网+"背景下高中数学教学改革探索[J].家长，2021（4）：135-136.

[55]靳文岚.在新课程改革下如何打造高中数学高效课堂[J].数学学习与研究，2020（15）：121-122.

[56]崔杭军.核心素养背景下高中数学高效课堂的构建思路[J].当代家庭教育，2020（20）：56-57.

[57]邓文富.核心素养视角下高中数学高效课堂的建构及教学方法研究[J].课程教育研究，2020（17）：142.

[58]刘伟.核心素养视角下高中数学高效课堂的构建[J].高考，2020（10）：112.

[59] 张术军. 立足课堂, 提升能力: 基于核心素养的高中数学高效课堂的构建[J]. 华夏教师, 2020 (5): 39-40.

[60] 夏洪. 浅谈微课与高中数学教学的整合作用[J]. 读写算, 2020 (3): 25.

[61] 吴建东. 新高考背景下的高中数学课堂构建策略分析[J]. 考试周刊, 2020 (5): 95-96.

[62] 黄巧玲. 核心素养理念的高中数学高效课堂教学探究[J]. 考试周刊, 2020 (2): 67-68.

[63] 韦伟芳. 行探究之法, 开素养之花: 探究式高中数学课堂的构建与高中生数学核心素养的培养[J]. 数学学习与研究, 2019 (24): 31.

[64] 吕淑育. 新课标下高中数学高效课堂的构建[J]. 中国校外教育, 2019 (34): 140-141.

[65] 陈培培. 从"素质"到"素养": 谈核心素养下的高中数学课堂教学[J]. 数理化学习(教研版), 2019 (11): 31-32.

[66] 张希芬. 核心素养背景下高中数学教学活动开展策略探究[J]. 考试周刊, 2019 (87): 97-98.

[67] 钱宝毅. 学科核心素养下的高效课堂之情境创设案例[J]. 高考, 2019 (28): 150.

[68] 杨学雄. 聚焦核心素养的高中数学高效课堂教学方式研究[J]. 高考, 2019 (25): 178.

[69] 张冰. 应用多元策略构建高效数学课堂[J]. 高考, 2019 (25): 40.

[70] 孙思懿. 基于单元整体导学模式的高中数学教学: 以函数为例[D]. 汉中: 陕西理工大学, 2023.

[71] 廖楚楚. 任务驱动型初一数学高效课堂的构建与实践[D]. 广州: 广东技术师范大学, 2023.

[72] 赖婷婷. 核心素养背景下高中数学课堂"教、学、评"一致性研究: 以函数的概念与性质为例[D]. 南宁: 广西民族大学, 2023.

[73] 王政华. 基于核心素养的高中数学问题串教学研究[D]. 岳阳: 湖南理工学院, 2022.

[74] 韩妞妞. 素养导向下的高中数学课堂教学评价指标体系构建研究[D]. 临汾: 山西师范大学, 2022.

[75] 崔凯玲. 基于数学核心素养的高中数学导学案的设计及实验研究：以"基本初等函数"为例 [D]. 固原：宁夏师范学院，2022.

[76] 段美玲. 指向核心素养的高中数学深度教学研究 [D]. 西安：陕西师范大学，2020.